美しい表情は人生を変える

Jo Moriyama
ジョー・モリヤマ
ポートレート写真家

Discover

はじめに

表情の力で人生は変わる

あなたは人と会うのは好きですか?

「人前に出るのはおっくう」

「初対面の人とうまく話せない」

「自分の意見をきちんと伝えられない」

「オンラインミーティングは緊張する」

「SNSに自分の写真や動画を投稿するのは苦手」

そんなふうに感じたことはありませんか?

他人とのコミュニケーションは、日常生活や仕事において重要なスキルです。けれども、コミュニケーションを取ることに自信が持てないと、新しい人との出会いやプレゼンテーション、オンラインミーティングなど、さまざまな場面でストレスを感じることがあります。

実はこういったコミュニケーションの悩みの大半は、その人がもともと持っている「表情の力」を磨くことで解決します。

もっと言えば、「表情の力」は、あなたが内に秘めている自然体の美しさを引き出し、あなたの魅力を倍増させ、より豊かな人間関係を築く手助けもできるのです。

それでは、「表情の力」とは一体なんなのでしょう？

はじめまして、ポートレート写真家のJo Moriyama（ジョー・モリヤマ）です。

僕はこれまで、世界各国の著名人やプロのモデル、一般の方々から秘境の部族まで、たくさんの人々のポートレートを撮影してきました。街中で知らない人にカメラを向けることもあるし、プライベートな仲間たちを撮影することもあります。その数は、のべ２万人になります。

良いポートレートは、写真を通して見る人に感動や共感を与えます。単に撮られる人の姿を写真に収めるだけではありません。その人が一瞬見せる**自然体の表情**や、**内面の美しさ**が表れた表情を切り取り、写真に収めることが大切です。

僕はそうやってポートレートを撮り続け、キャリアを築いてきました。

僕が重要視しているのは、写真に関してはあまり知識のない一般の方にも「良い写真だな」と感じてもらえる写真を撮ること。写真の専門家から高い評価をもらうよりも、「写真のことはよくわからないけど素敵ですね！」と言ってもらうほうがずっと嬉しいんです。

そしてそんなふうに言ってもらえる写真には必ず、「万人に共通する表情の力」があることに気づいたのです。

面白いことに、顔のつくりや人種、文化や習慣、お国柄の垣根を飛び越えて、人が美しいと思う表情は「万国共通」です。たとえ地球の裏側の、まったく異なる常識で生きている人々の中に飛び込んでいったとしても、「素敵な表情だな」と思う感覚は同じなんですね。

僕は20年間のキャリアの中で、撮影で出会う人々の膨大な表情のデータをこと細かに分析し、そういった**「世界共通の素晴らしい表情」**や**「その人の最高の表情をどう引き出すか」**について研究を続けてきました。

この本では、僕の長年のキャリアと研究から導き出された、「美しい表情」の引き出し方・磨き方について余すことなくお伝えしたいと思います。

チャプター1では「表情の力」とは何かについてお伝えします。

チャプター2では思い込みの「自分らしさ」を手放す方法についてお伝えします。
チャプター3ではあなたの魅力を活かす表情力トレーニングについてお伝えします。
チャプター4では理想像の見つけ方・育て方についてお伝えします。
チャプター5では自然体で写真に写るテクニックについてお伝えします。
チャプター6ではコミュニケーションツールとしての表情についてお伝えします。

一般的なコミュニケーションの悩みに焦点をあて、写真家の視点から表情にアプローチしていきます。表情を通じて自己表現を豊かにし、自信を持ってコミュニケーションを取るためのヒントやトレーニングをお伝えします。時には、自分自身の内面にも向き合うようなアドバイスもさせていただくかもしれませんが、それも表情の力を磨くための近道です。

この本を最後まで読んでいただいたら、きっとあなたの表情は、人生は、今よりさらに素晴らしいものになります。

表情には、あなたや、あなたの周りの人の人生を変える力があるのです。

Jo Moriyama

［目次］

Chapter 1

「表情」がその人の「美しさ」を決める

True beauty lies in expressions, not in looks.

Chapter 2

思い込みの自分らしさを手放す

Discover your expressions, meet the unknown self.

Chapter 3

あなたの魅力を最大限に活かす！ 表情力トレーニング

Boost your confidence with facial training.

Chapter 4

自分の魅力を引き出して育てる技術

Discover your ideal self, journey towards it.

特別付録
表情の魅力を100%引き出すメイクレッスン 132

Chapter 5

写真には現実世界の自分がいる

Reflect your true self in every photo.

Chapter 6

コミュニケーションツールとしての表情

Turn expressions into powerful communication tools.

Chapter 1

「表情」がその人の「美しさ」を決める

True beauty lies in expressions, not in looks.

なぜ、表情を磨くのか？

01

写真家という仕事柄、僕は「美しい」と言われる方々によく会います。もちろん、もともと顔の造形が整っていて、バランスの良い容姿を持っている人はたくさんいますが、その人たちが選ばれ続けている理由は、決して「造形が整っているから」ではありません。

選ばれ続ける一流のモデルや女優は、ほぼ例外なく「表情の美しさゆえに惹きつけられる人」です。年齢を重ねるほどにその傾向は強くなります。一方で、表情から輝きを放てない人は、気づけば魅力を失っていることもあります。

つまり、自分を魅力的に見せるためには、「表情の力」を磨いていくことが最も近道なんです。それは、必要以上にメイクをがんばったり、整形したり、ダイエットをしたりすることで手に入るものではありません。

本書で目指す美しい表情とは、まるで花のようにしなやかで、

一本芯を持った表情です。

花のように一人ひとり異なる魅力を持ち、無理をせず、自然体で、フレキシブル。真面目なときも、笑顔のときも、一人でいるときも、写真や動画を撮るときも、誰からも「素敵だな」と思われる表情です。

そして、表情を磨いていけばいくほど、私たちは、思い込みの「自分らしさ」を捨て、自然体の自分を好きになっていくことができるものです。すると、ますます表情が良くなり、自信も持てるようになっていきます。

僕がみなさんに表情を磨いてほしいと願っている本当の理由は、まさにそれなんです。

表情の力とは？

本書における「表情の力」とは、「表情で自分を表現すること」を指します。容姿の印象は「点」のように一瞬で決まりますが、表情は「線」のように継続し、人を惹きつけます。姿勢やしぐさがとてもきれいでも、その人の表情が良くないと美しいとは感じられないのはそのせいで、つまり、表情こそがその人の持つ印象の本質なのです。

また、人は生まれながらに表情を読み取ることができます。だから「あの人は、本当に人が良さそう！」とか、「あの人は、きれいだけど、なんとなく近寄りがたい」なんて感じられるし、相手がたとえ言葉の通じない遠い国の人だとしても、その表情から気持ちを汲み取ることもできるのです。

電話やメールやＳＮＳだけだと、言葉の食い違いで相手の気持ちを正しくつかめないということはよくありますが、直接会えば、その問題は解決します。

02

つまり「表情」とは、世界中のすべての人間が共通して持つ**「最高の非言語コミュニケーションツール」**であり、だからこそ「表情の力」を磨くことはコミュニケーションを円滑にするために非常に重要なのです。

それなのに、「表情の力」について語られることがこれまでほとんどなかったというのは、実に興味深いものです。

そして表情の力は、容姿とは関係ありません。表情は体型が崩れても、顔にたくさんシワができても失われることなく、永続的にあなたの内に秘めた輝きを表現してくれます。

もし今、自分の容姿に自信がなくても、表情の力を磨くことはできますし、これからの人生で、自分らしい魅力を輝かせられるか否かは「表情の力」にかかっているのです。

世界基準の美しい表情の定義

誰もが魅力を感じ、美しいと思う表情は「万国共通」だという話はすでにしましたが、どういう表情が美しいのかを知るために、僕の考える美しい表情をしている人が**「やっていないこと」**をお伝えしましょう。

それは、つぎの4つです。

1　表情に力が入っている
2　眉間にシワを寄せる
3　口角が下がっている
4　芝居がかった大げさな表情をする

03

これらを「しない」ことで「美しい表情」が生まれます。その仕組みは、

1　力が入っていない→自然体でいられる
2　眉間にシワを寄せない→不安（ネガティブなイメージ）を感じさせない
3　口角を下げない→ほどよい自信をのぞかせる
4　芝居がかった表情をしない→周囲との協調性を乱さない

ということです。

つまり、言い換えると「世界共通の美」は、「自然体でポジティブで、そしてほどよい自信と協調性のある人」から醸し出されるものだと言えます。

表情が印象的なあの人

「表情」が素晴らしい人として僕の頭にすぐに思い浮かぶのは次の方たちです。みなさん、僕の考える「世界基準の美しい表情」を身につけています。一人ずつ紹介しましょう。

・榮倉奈々さん（女優）

初めてお会いしたのは、彼女がデビューした14歳くらいの頃。屈託のない笑顔が最高にかわいらしくて、その愛らしい笑顔は今も変わりません。

キャリアを積み、また母親にもなり、ほどよく自信を身につけたことで、**少女の頃には見せなかったような深みのある素敵な表情も見せてくれるようになりました。**

04

・島田順子さん（デザイナー）

世界を舞台に活躍しているデザイナーの島田順子さん。

子どものような無邪気さと、大人ならではの協調性や思いやりを持っていて、それが周囲の人を幸せにする表情につながっています。表情が素敵なのはもちろんのこと、醸し出す色気とさりげない気遣いが素晴らしい！　人に会う前に、こっそりとリップを塗って、香水をひと振り。そんなしぐさも可愛らしいんです。

・SAWAさん（モデル）

本書のカバーモデルも務めてくれたモデルのＳＡＷＡさん。撮影のときはいつもフォトグラファーのリクエストに応じて変幻自在な表情を見せてくれますが、**彼女の表情からは「つくり込み」や「わざとらしさ」というものが一切感じられません。**

それは彼女の中にある「ありのままを見られてもかまわない」というほどよい自信から生まれるものだと思っています。

・安藤和津さん（エッセイスト・コメンテーター）

たくさんの著書を出している安藤和津さん。講演会では、親しみやすい表情をパッと浮かべて、あっという間に観客席の人たちとの距離を縮めます。

大きなお嬢さんがお二人も、さらにお孫さんまでいるとはとても思えない、いつまでも少女のような笑顔が素敵です。一方で、どんなことが起こっても、どんな言葉を投げかけ

Junko Shimada

周囲への思いやりの気持ちが表情にも表れている島田順子さん。そこにいるみんなが心をつかまれてしまいます。

SAWA

カメラの前にいても、まるでそれを気にしていないかのように自然体のSAWAさん。

られても動じないような、肝の据わったところもあります。その余裕のある表情もとても魅力的な人です。

・サラ・ジェシカ・パーカーさん（女優・プロデューサー）

テレビ、舞台、映画と幅広く活躍する女優であり、映画プロデューサーのサラ・ジェシカ・パーカーさん。

僕は女優さんを撮影するとき、映画監督のマネをしてポーズを提案することがあります。そうすると、中には「どんなポーズを要求されるのだろう？」と身構えてしまう人もいます。しかし彼女には最初から、どんな提案も１００％受け入れてくれるようなポジティブな姿勢を感じました。

そのポジティブな気持ちは、みなさんもよくご存知の、大きな口を開けたキュートな笑顔によく表れています。僕はよく「50代の女性は金木犀《キンモクセイ》」と表現しますが、まさに彼女の笑顔には煌めきが溢れるような魅力があります。

彼女たちに共通するのは、「自然体でポジティブで、ほどよい自信と協調性」があること。それが僕の考える世界のどこでも通じる「世界基準の表情の美しさ」を生み出しています。

世界基準の表情の美しさは、場所や時代で変化する「美しさの基準」を簡単に飛び越えてしまうのです。

美しさの土台はいつも自然体

05

美しい表情には「自然体」は欠かせない要素です。

もしもあなたが「人目を気にする」「誰かと比べる」ことをいつもしているのなら、それは、本来の自分＝自然体から最も遠いところにいることを意味しています。そのままの状態では、「表情の力」を磨いていくことは難しいと言わざるを得ません。


それらをリセットして、自然体を取り戻すにはいったいどうすればいいのでしょうか？

最初のステップは、街を歩くときに、「人工物」を無視して自然のものに目を向けることです。


「街路樹と私」

「ビルの隙間から見える空や雲と私」

「猫と私」

「人と私」

というように、街を歩くときに目に入る人工的なものを無視します。目で追うものは、人の表情、しぐさ、鳥や犬などの動物たち、木々、空。そういった、人工的でない自然のものです。五感にもっと意識を向けて、好きだな、きれいだな、と思うものに想いをよせましょう。

そうするだけで、せわしない現代社会のスピード感から離れ、自分の肉体が本来持っている時間の流れに合わせられるようになります。

その季節ならではの肌の感覚や香りがどんなものか、自分の体に問いかけてみましょう。

そうすると、不思議と満たされているような穏やかな気持ちになります。

本当に大事なのは、あなたの社会的立場よりも、心と体が満たされていることなのです。

表情が険しくなるのは、ほとんどが人工物を意識しすぎているときです。

まずは、体の感覚だけでも自然と同化するように、最大限の意識を持っていきましょう。

自然体の表情が手に入る簡単ルーティン

06

いい表情というと、すぐに笑顔をイメージするかもしれませんが、笑顔は一種のキメ顔です。つまり表情において、笑顔はあくまでも「点」なのです。

24時間ずっとびっきりの笑顔でいられるのならそれに越したことはありませんが、そんなことはどう考えたって不可能です。表情を点と点を結ぶ「線」として捉えるなら、1日の中で最も浮かべる時間が多い表情、つまり「真顔」に意識を向けることが大事なのです。

表情力トレーニングのポイントは「自然体に見えて、いつでも笑顔になれそうな真顔」を手に入れること。余裕のない人ほど、真顔が「険しい顔」になりがちですが、それでは誰も寄りつかなくなってしまいます。

「自然体に見えて、いつでも笑顔になれそうな真顔」なんて、難しそうに感じるかもしれませんが、必要なワークはたった一つです。それは、「余裕のある自分を取り戻すルーティン」です。

●余裕のある自分を取り戻すルーティン

ある空間から違う空間へ移動する時、気持ちも一緒にリセットし、自分の表情にも意識を向けること。毎日たった一回でいいので、これをやってください。

最初は「コンビニに入るとき」などと、ピンポイントで決めてしまうのでもかまいません。ただし、自分で決めたタイミングでは気持ちと表情をリラックスさせるスイッチを必ず自分自身で入れ、眉間に力を入れていないか、口角は下がっていないか、呼吸は浅くなっていないかを、チェックしましょう。

その瞬間あなたは、「自然体に見えて、いつでも笑顔になれそうな真顔」を浮かべています。

最初は少し疲れるかもしれませんが、慣れるにつれて体に染み込み、楽にできるようになります。そうしたら、家の玄関を出るとき、駅の改札を通るとき、電車に乗るときや降りるとき、エレベーターに乗るとき、降りるときなど、リセットタイミングをどんどん増やしていきましょう。部屋から部屋の移動など小さいものを含めたら、多くの人は1日に数えきれないくらい空間の移動をしているはずです。そのすべてをリセットタイミングにすれば、いい表情の「点」は「線」になります。このルーティンが習慣になる頃には、不意に視界に入る自分にゾッとする、なんてこともなくなっているに違いありません。

あなたの魅力を最大限に活かす表情力トレーニングはすべて、人生を好転させることにつながっています。

不幸そう、苦しそう、大変そう、自己評価が低そうなど、ネガティブな表情をしていても、誰も助けてくれないし、一時的に助けてもらっても、いつかは自分で自分の人生を切り開いていくしかありません。

そのためにも、自然体の表情の魅力を最大限に引き出すことから人生を好転させましょう。

自分自身の機嫌が良くても悪くても、自信があってもなくても、周りの世界を明るく照らす表情に変えていきましょう！

表情を良くすると、そのあとで機嫌の良さや自信がついてくるのです。

こんなにも違う！3大気質の表情

07

個人の性質によって、表情が豊かな人もいれば、あまり表情を変えない人もいます。笑わなかったり、表情をほとんど変えないからといって、その人の表情の良し悪しが決まるわけではありません。自分という人間をよく知り、自分だけの「表情」を自然に出すことによって、魅力は開花していきます。

つまり、自分の美しさを最大限に引き出すためには、自分自身のことをよく知ることが必要なんです。

自分自身を知るヒントの一つになるのが、「行動パターンによる気質」の分類です。これは、僕が20年のキャリアから得た2万人の表情データと、人の思考や行動パターンを分析する性格診断「エニアグラム」とを組み合わせて編み出したものです。

本来は9タイプに分かれますが、ここでは大まかに人の気質を3つに分類しました。チェックリストを見て、自分がどのタイプに一番当てはまるのか調べてみましょう（チェックの数が同数の場合は、どちらのタイプの説明も参考にしてください）。

社会での行動パターン3大気質

1 狩猟気質

未来は自分で切り開くし、自分には欲しいものを取りにいく「権利」があると考える気質です。

物事を達成するのに、人を頼ったり引き下がったりせず、自分の意見を押し通し、弱肉強食や競争の世界に生きているという感覚を持っています。また、人より前に出なければ、意味がないと考えがちです。

そのせいで、ときに怖い顔になりがち。

自信家でもあるゆえに、自分の評価が低くなることを最も恐れます。

だから写真を撮られたり人前に立つときも、上手に見せられる範囲内でしか自分を見せようとせず、見えない制限をかける傾向があります。

もし、あなたがちょっと背伸びをしたくなる癖があり、自撮りをする際についキメ顔をしがちならまさにこのタイプかもしれません。

ある意味、世渡り上手でもあるのですが、周りからコントロールされることを極端に嫌うために、自分でも気づかぬうちに「威圧的」になりやすい人たちだと言えます。

それが表れるのが「目力」です。目で自分の存在感を誇示しすぎてしまうため、目を大きく見開いたり、眼輪筋（目の周りの筋肉）に力を入れすぎてしまうことが多々あります。

完璧すぎる隙のない眼差しは、周りを疲れさせてしまうことがあるので、**引き算をして、自分にも他人に**

つい「怖い印象」になってしまいがちな狩猟気質はリラックスを意識するのがコツ。

Check List
狩猟気質

Check!

- ☐ 欲しいものは自分から取りにいく。
- ☐ 場の空気を盛り上げがち。
- ☐ 自分の気持ちが何よりも大事。
- ☐ 弱みは絶対に見せたくない。
- ☐ 人生を自分で切り開くという野心がある。
- ☐ 人にもモノにも目移りしやすい。
- ☐ 思い立ったら行動に移すのが早い。
- ☐ 自分の意見を押し通す。
- ☐ 交友関係が広いと言われる。
- ☐ 深く付き合える人が少ない。

も重圧をかけないように心がけてください。特に仕事のときに威圧的になりやすいので、一人でいるときや気心の知れた人の前にいるときの自分に近づけてみる意識を持つと良いでしょう。

2 農耕気質

自らの責任や役割を果たし他人の役に立とうとする気質です。

必ずしも順応的ではないものの、人と話しながら、周囲の要求と自分の欲求の間で最良の決断を行うことができます。空気を読みながら、上手に物事をまとめるべきだと考える人です。人と対面しているときは妥協することなく丁寧に接していることが多いので、とても誠実な印象を与えていることでしょう。

このタイプの人は自分にも人にも厳しいので、妥協することや、ルールを乱す人物や行為を許せないと感じます。だからどうしてもイライラしやすくなります。また真面目なぶん、休むことが苦手なので、ストレスが溜まりやすいという特徴もあり、表情にも不安が出がちです。

物事を真面目に捉えすぎることが多いので、人と接していないときは、眉間にシワを寄せて怖い顔をしていることが多いかもしれません。

肩を回したり、あくびのフリをしたりして、体の緊張を解く自分なりのワザを見つけることが、表情を魅力的にする第一歩になります。

責任感が強くて真面目な農耕気質。表情に余計な力が入っていないか気をつけて。

Check List
農耕気質

Check!

☐ 報連相（ほう・れん・そう）を大事にする。

☐ 他人に気を遣いがち。

☐ 輪に入れない人がいると、すぐに気がつく。

☐ 気が利くと言われる。

☐ 責任感が強い。

☐ 自分の役割をわきまえ、演じようとする。

☐ 自分のやりたい事は後回しにしがち。

☐ 愛され、良き人であろうとする事を
第一に考えている。

☐ 細かい点に気がつく。

☐ 人の反応に自分の言動が影響されがち。

3 遊牧気質

周囲と関わることを避けて、自分の世界に入るマイペースな人。「人は人、自分は自分」ときっぱりとした境界線を引いています。納得しないとテコでも動かない強い意志も持っています。

周囲と関わることにより、自分の内面が脅かされるのを恐れるため、自己完結することを好み、あらゆる欲求も控えめなタイプです。

一人でいることを好み、興味があること以外には見向きもしないのでぶっきらぼうな印象を与えることもありますが、好きなもの、好きな人のことは徹底的に調べ上げます。

執着心も薄いので、去る者を追わず、来る者も拒まないのが特徴です。

ただし、興味があるのかないのかが態度に出るので、**良く言えば正直者、悪く言えば少し変わったところのある人です。**

言葉足らずなところもあり、会話を弾ませることにもさほど興味を示しません。それもあってこのタイプの人は、眠そうな表情になりがちです。一方で、眼差しに攻撃性が一切ないため、周りの人には受け入れられやすいでしょう。

マイペースな遊牧気質。「眠そうな顔」と言われることがあるかもしれません。

いかがですか?

自分がどの気質に当てはまるかわかりましたか?

どういう表情の癖があるのかわかりましたか?

もちろん、人はそんなに単純ではないので、どれかにピッタリハマるということはないかもしれませんが、どれに一番近いのかを考えてみてください(もっと知りたい人は購入者特典の「行動パターンによる気質のタイプ別チェックシート」をやってみてください。P221からダウンロードできます)。

Check List
遊牧気質

Check!

- □ 他人に多くを求めない。
- □ 欲が少ない。
- □ 納得しないとなかなか動かない。
- □ 優しいとよく言われる。
- □ 引っ込み思案。
- □ 争いごとを避ける。
- □ 周りからマイペースと言われる。
- □ 知らないグループに入っても意外と大丈夫。
- □ 会話が途切れることが気にならない。
- □ 人目が気にならない。

また、同じ気質でも、表情が内にこもりやすい人と、表情が外に放たれやすい人がいます。

ただし、表情が外に放たれるから良いとか、内にこもるから悪いというわけではありません。表情をあまり変えないとしても、それは一つの個性なので引け目を感じることは全くありません。自分の個性を理解し、自分らしく社会に馴染むことが、美しい表情を作る理想的な生き方です。

Chapter 2

思い込みの自分らしさを手放す

Discover your expressions, meet the unknown self.

「見せたい自分」をやめてみよう

008

チャプター1では、表情が持つ力や、万国共通の美しい表情とは何かについてお話しました。

このチャプターでは、誰もが気づかないうちにやってしまいがちな「見せたい自分」や思い込みの「自分らしさ」の手放し方についてお伝えします。

あなたの中には、「人に見せたい自分」と「見せたくない自分」の両方が存在しています。そしてそのどちらも自分自身であり、どちらも「自分らしさ」です。

「見せたくない自分」があるのは、それが「本当の自分」ではないと思うからなのかもしれません。でも、**「人に見せたい自分」のほうは、本当に**

「自分らしい」のでしょうか？

例えば、初めてデートする相手に好印象を与えたいシチュエーションを思い浮かべてください。相手との待ち合わせ場所に向かって一人で歩いているときに、ヒールが引っかかって転んでしまったとしましょう。

一人でいるので、かなり恥ずかしい思いをしているはずです。そしてそういう姿はあなたにとって、どちらかと言えば「見せたくない自分」のほうでしょう（実は、ハプニングほど自然な表情を引き出すことができます。Ｐ１７４の「ハプニングを味方につける」でもお話しします）。

「見せたくない自分」だからと言って、あわててカッコつけて、「見せたい自分」になろうとします。そうなると、無理している状態が表情にも出てしまい、自分らしさからはどんどん遠ざかっていきます。

「人に見せたい自分」のときにみなさんがよくやってしまう表情があります。

①**目を大きく見開く**
②**大げさに笑う**
③**カッコつけた表情**
④**顎を上げて見下すような表情**

これらの表情は、

・相手に好かれたい
・自分のパワーや優位性を示したい

と、自分でも気づかないうちに思っているときに見られます。④の「顎を上げて見下すような表情」は、自慢話やマウンティングをしている人がやりがちな、いわゆる「ドヤ顔」ですね。

これらは、本来の自分とは離れているため、相手にハリボテのような空っぽの印象を与えてしまいます。


そんな「見せたい自分」は、思い切って手放しましょう。

やり方はとても簡単です。気づいたときに、すぐに正直に言うんです。

例えば、「あ、今ちょっと自分をよく見せようとしてしまったな」と気づいたら、すぐに「今、ちょっと背伸びしちゃった」とか「ちょっとカッコつけちゃった」などと笑顔で言ってみましょう。

先ほどのヒールで転んでしまった例で言うなら、急いで取り繕って相手に会うのではなく、「さっき向こうで転んじゃったんです」と素直に報告するほうが、嘘がなくてずっといいです。相手との心の距離もぐっと縮まると思いますよ。

自己開示は、自分の気持ちもラクになり、自然体の表情に戻れる良い方法です。ぜひ試してみてください。

21世紀の美的感覚とのギャップ

最近は日本でも、「気だるい、無気力系」「クールビューティー」な広告を目にすることが多くなりました。ハイブランド系の広告によく見られる「気だるい」「無気力」といった印象を与える睨みつけるような表情は、カッコよさそうにも見えるので、それで流行っているという節もあるのかもしれません。

でも、カッコつければつけるほど、それを見る人の心は離れていきます。カッコつけないと自分は相手にされないと思い、心を閉ざしてしまうのです。

だから、広告などで見るような、クールでかっこいい女性の表情は絶対に真似してはいけません。そういう表情は、写真家である僕からすると、やりたいことがなく、人の意見に流されがちな人がするものにしか見えないのです。

あえて言葉にするなら、「瞳の奥に希望の光を感じない」といったところでしょうか？

「時代の流れ」「流行」がどうであっても、これが真実。だから、「気だるい、無気力系」や「クールビューティー」が21世紀を象徴する美的感覚のイメージになっていることを僕は割と冷めた目で見ています。

僕の考える21世紀の美しい表情は、チャプター1からお伝えしているとおり、ポジティブで自然体の表情です。

「気だるい・無気力系」が受け身な人生を送っている人の表情だとしたら、美しい表情の人は、能動的な人生を送っている人の表情と言えます。

「あれもやりたい」「これもやりたい」といつもワクワクしている人の表情は生き生きしていて、瞳の奥が輝いています。

ではここで、ちょっとしたエクササイズをしてみましょう。

① あなたがこの先、やってみたいことは何ですか？

新しい料理のレシピ開発？
週末にお出かけ？
留学？
転職？

などというふうに、小さなことから、大きな目標まで、何個でもいいのでこれからやってみたいことのイメージを頭の中で膨らませてください。

② ①について、今日からできることは何でしょう？

おいしそうなレシピを探して、材料の買い物に行く？
お出かけ先のプランを考える？　誰かを誘う？
新しい学校やビジネスについて調べてみる？

などと、思いつくままリストアップしてみてください。

③　②について、どんな小さなことでもいいから、毎日少しずつ実行してみましょう

続けるうちに、能動的な行動が増えていき、表情が生き生きとしてきますよ。

メイクは「上手に引き算」する

10

なぜ人はメイクをするのでしょうか。

シンプルな理由は「よりきれいに魅せるため」で間違いはなさそうです。

「よりきれいに魅せるため」に、不満がある部分を隠そうとしたり、目鼻立ちをハッキリさせようとするのでしょう。


メイクをすれば、確かに華のある顔になります。

ただし、それは笑った表情のときだけ。


メイクをして生真面目な顔でムッとしていると、すっぴんのときよりもずっと怖い印象になります。強い色を入れれば入れるほど、ムッとしたときの「怖さ」は半端ではなくなります。目尻に長く引いたアイラインなどはセクシーに見せる効果がありますが、大げさなアイラインは目元の印象をきつくします。赤いリップもインパクトを倍増させるため、笑ったときはその効果がプラスに働きますが、ひとたび口角が下がったりすればネガティブな印象が強くなり、人を遠ざけます。

せっかく「よりきれいに魅せるため」にお化粧をしているのに、マイナスな印象を強く与えてしまう可能性も増えるのです。メイクで個性を足すことで魅力がアップすることもちろんありますが、ダウンしてしまうことも少なくありません。

もちろんメイクを全否定したいわけではありません。

ただし、**濃いメイクをすればするほど、笑顔でいることを自分に強要することになり、自然体から遠ざかることは肝に銘じておきましょう。**

メイクは表情という下地の上にするものです。表情の魅力を消さぬよう、上手な引き算を心がけましょう。

がんばらなくなったとき魅力は輝く

11

自分を良く見せたくてがんばる。

そんながんばりはいりません。

「うわーがんばってるな」と自分で感じるのは、「無理」をしているときですから、長続きしません。

背伸びをしながら、歩き続けることができないのと同じです。

そんなことより、力を抜いて、本来の自分を取り戻すほうがはるかに美しく見えるものです。


なぜなら、人の最も美しくて魅力的な表情の大部分は、実は子どものときから備わっているものだからです。

成長し、社会に揉まれる中で、肩書きや欲によって歪んでしまっただけ。
知らず知らずのうちにがんばってしまっている人の体は、こんな状態になっています。

・息が浅くなっている
・首や肩に力が入っている
・瞬きの回数が少なくなっている
・眉間にシワが入っている
・手に力が入っている

もし体がこのような状態になっていると気づいたら、呼吸とストレッチでリセットしましょう。

①　ゆっくり細く鼻から4秒くらいかけて息を吸う
②　4秒くらいかけてゆっくり鼻から息を吐く
③　手のひらや指先をストレッチする

すると、いい具合に力が抜けて表情がリラックスします。

考え方の癖を見つけよう

12

もしあなたが「変わりたい」と望んでいるのにうまくいかないとしたら、それはなぜでしょう。

もしかしたら今さら自分を変えられないと思うかもしれませんが、人間の細胞は定期的に入れ替わるので、実は常に変化しているのです。

あなたが変わることを邪魔しているのは、「考え方の癖」なんです。

あなたには、どんな考え方の癖がありますか？　落ち込みやすい癖、負けず嫌いな癖、人見知りな癖、心配する癖……。そのようなネガティブな考え方は、そのままあなたの表情に反映されてしまいます。考え方の癖に気づき、そこから自由になるだけで、生物学上は生まれ変わっているはずなんです。

考え方の癖を手放すために、自分の癖に気づき、たくさんの他人と付き合い、その人たちと自分の考え方の癖を比較してみましょう。

「あ、こんなとき、ついこう考えてしまう癖があるな」と気づいたら、他人の見方や感じ方を学んで、自分をちょっと遠くから見つめ、癖を手放す練習をしましょう。

たとえばあなたが、自分の容姿にコンプレックスがあり、とても気にする癖があったとします。でも、自分と同じコンプレックスを持っていそうな人に会ったとしても、自分の嫌なところを見るように人の粗を探したりしないでしょう？　同じコンプレックスでも、他人ならそれほど気にならないはずです。

自分だけ特別視しないで、自分に対しても、他人と同じように接してみるのは、考え方の癖を手放すのに効果的です。

「脱キメ顔」で新しい自分と出会う

13

自分の好きな角度、最もきれいに見える角度（または、マシに見える角度）というのは誰にでもあります。その「顔」を日常生活の中に取り込んでいけるのなら、自信にもなるので、知っておくことは大事かもしれません。

しかし、自分の好きな角度というのは多くの場合、コンプレックスを隠せているという安心感、またはもっとこうなればいいなという願望から、ちょっとよく見えているだけの「目の錯覚」だったりします。しかも、その角度というのは、日常的なしぐさの一連の動きの中にあるものではないので、本来のあなたとは切り離して考えなければいけません。

例えば、コーヒーを片手に街を歩くようなシーンを雑誌などではよく見ると思いますが、歩きながら飲めばこぼれる可能性と背中合わせですから、心配事が増えて、いい表情なんて保てないですよね。つまり雑誌の中のコーヒーは、単なる飾りなんです。

そんなふうに、雑誌でやっているしぐさやポーズがどんなに素敵だとしても、それは非現実的なものであって、日常に活かすことはできないのです。

そもそも人は動いて生活しなくてはならず、いちいちポーズをとることはできないので、日常的なしぐさの中でどうやって「自然で美しい表情」をするかを考えた方が得策です。

「私この角度のときが一番きれいなんです！」という人がよくいらっしゃいますが、撮影以外の日常生活の中で、その角度を保っていることはありますか？　どういうときにその角度をしていますか？　と質問すると、多くの方は答えに窮してしまいます。そんなふうに自分のキメ顔を自分で決めつけることは自分の可能性を狭めてしまうのでやめましょう。

一流と言われるモデルや女優ほど、キメ顔にはこだわったりしないのです。

そういう意味では、**自分の日常生活の中にある「いい角度」を発見しながら、毎日の中に取り入れる練習をする**のが、表情を磨く一番の近道でもあります。

14

みんなが好きな「あなたの至高の表情」

友だちや家族などとおしゃべりしながら大笑いする。

それは実に愉快で楽しい瞬間です。

でも不意に写真を撮られると、写真に写るその瞬間の自分の顔がどうしても好きになれないことってありますよね。目尻のシワや歯茎をあらわにして大笑いしている自分の笑顔が全然きれいだとは思えない。「楽しそうでいいね」と言われたとしても、素直に喜べない。

けれども、そんな

「無防備な120%の表情」こそが、嘘偽りのない最高にして最強の表情です。

たとえあなた自身は気に入らなくても、あなた以外のすべての人が心地よく思い、幸せな気持ちになる「至高の表情」なんですよ。

僕は、撮影のときにはほとんどの場合、その人の「至高の表情」を引き出すためのコミュニケーションを心がけています。

「人に名前を呼ばれて振り向くときってどうするんでしたっけ？」などと言いながら僕がそれをやってみせると、被写体となる人が「そんなことしません」と笑いながら、不安なりにも自分の普段の動きを見せてくれるので、そのうち表情も良くなるのです。

そうやって「無防備な１２０％の表情」を引き出すこと。それが、写真家の腕の見せ所だと僕は思っています。

ぜひ、１日に１回はこういう「至高の表情」がつい出てしまうような日々を過ごすことを意識してみてください。

朝イチで自分らしさを取り戻す

15

ヨガの本場であるインドでは、ヨガを通じて本来の自分、本来の時間軸に体を戻してあげることを重点的に行います。

例えば早朝、からっぽの状態の体に「陽の気」をふんだんに取り入れるために、きれいで澄んだ自然の空気の中で、彼らは大声で笑うのです。

あなたも「あなたらしさ」を取り戻すために、朝、窓を開けて、新鮮な空気を取り入れて、わははと大声で笑ってみてください。

近所の人に聞かれたら、「変な人」と思われる？

まさか！

あなたの「笑いのヨガ」が近隣の人の耳に入れば、きっと周りの人にもプラスの力を与えることでしょう。笑い声を聞いて嫌な気持ちになる人はいませんし、少なくとも、怒鳴り声や、泣き声より迷惑になることは絶対ありません。

自然の中で笑いながらジョギングすればもっと効果的ですが、まずはこのやり方で

体の中にあるマイナスエネルギーを追い出すことから始めてみましょう。

どうしても恥ずかしいという人は、「朝から大声で腹から笑うフリ」をしてみてください。腹から声を出して笑う「フリ」をするだけで脳はすっかり勘違いして、幸せホルモンを分泌すると言われています。

このエクササイズで本来の自分、本来の時間軸を取り戻すことができれば、幸せが手に入りやすくなり、当然表情も良くなります。

Chapter 3

あなたの魅力を最大限に活かす！
表情力トレーニング

Boost your confidence with facial training.

表情は豊かなほうがいい？

16

　このチャプターでは、表情の力をアップするトレーニングをお伝えします。そう言うと、「表情を豊かにするということ？」と思うかもしれませんが、一概にそうとも言い切れません。一つひとつ説明していきます。

　まず、その人がどういう表情をするのかは、生い立ちや社会との関わり方による人格形成が大きく影響しています。外交的で表情が豊かな人は人目を気にした経験をたくさん持っていて、寡黙で表情が乏しい人は、自分と向き合う時間を多く重ねてきたという印象を僕は持っています。つまり、長年培ってきた人格あってこその表情なので、それを根本から変えようとは思わないでください。

　僕が撮ってきた著名人の中に、寡黙であり、表情もあまり変えないモデル兼女優がいます。彼女は雑誌の表紙を飾るほど人気があるにもかかわらず、ほとんど自分について話すことはありません。表情をあまり動かさないので、彼女はどの写真を見ても、歯を見せて、大きく笑っているか、口角を上げて微笑んでいるかどっちかのパターンしか顔がありません。でもその数少ない笑顔には、みんな惹かれてしまいます。

「表情が乏しい人は、一度の笑顔が貴重なので、表情が豊かな人が100回笑うのと同じ価値がある」

という話はよくしています。表情が乏しいことは、必ずしもネガティブにとらえる必要はないのです。

ただ、コミュニケーションのときに相手に気持ちが伝わりづらいことが多くなるので、相手に自分をプレゼンするつもりで感情を表す言葉をなるべく増やすことが大切です。

「嬉しいです」→「そんなに丁寧にしていただいて、嬉しいです」みたいに、話すときはひとことつけ加えることを常に意識しましょう。

表情豊かな人が陥りやすい罠がある

17

表情が豊かであるほうが必ずしもいいというわけではなく、豊かであることにも乏しいことにも、次のように長所と短所の両方があります。

●表情が豊かな人

長所：話し上手である人が多く、コミュニケーションがとりやすい。

短所：自分の気持ちを押し込めて、人の期待に添えるようにがんばってしまう。

●表情が乏しい人

長所：自分の気持ちに正直。聞き手に回ることが上手。

短所：考えていることが伝わりにくく、コミュニケーションに消極的。

さて、あなたはどうでしょうか？
「どちらもあるなあ」とか「ケースバイケースかなあ」という人は表情が豊かなほうに入るかもしれません。というのも、「どちらもある」「ケースバイケース」というのは、社会のコミュニケーションに合わせようと努力していることの表れですからね。

そして、人は誰でも「基本顔」というものがあります。

赤ちゃんの頃に浮かべていたような、どこにも力が入っていない無意識の表情。それがあなたの最も自然体でいられる「基本顔」です。

ずっと「基本顔」でいられたら理想的なのですが、さまざまな経験を重ねる中で、「基本顔」も少しずつ歪んでいきます。なぜなら経験を重ねるほど、人は自分に正直ではいられなくなるからです。

表情が乏しい人は、普段から「自分>他人」というベクトルでいられるので、「自分基準の基本顔」で過ごせていることが多いです。寡黙で表情が乏しい人ほど、日常生活を無理なく、清々しい表情で過ごしているものです。

一方表情の豊かな人は、普段から「他人>自分」というベクトルに偏りがちです。コミュニケーションのやり方としてはこれも大事なのですが、そのせいで「自分基準の基本顔」を見失う傾向があります。

コミュニケーションが得意だと自負している人ほど「基本顔」との距離が大きいので、

人目を気にしない、自分に優しい「基本顔」で過

ごす時間を、できるだけつくってみましょう。

家でくつろいでいるときは「基本顔」でいられることが多いですが、家以外でもせめて一人でいるときは、「基本顔」ができるように心がけましょう。顔の筋肉がこわばっていないか、何かアクションを起こすたびに力を入れていないか意識してみてください。

もちろん、ずっと自分の表情を意識することはできないので、自分で決めたタイミング(例えば、会話を始めるタイミングなど)で「今、どうなってるかな?」とチェックして、表情をリセットする癖をつけると良いでしょう。

大事なのは「しない努力」

18

表情が素敵なモデルや女優は、撮影をとにかく楽しんでいて、決してがんばってはいないものです。

そしてそれが内側から自然と湧き上がってくる魅力へとつながっているのだと僕は思います。

では、自然と湧き上がってくる魅力を損なわせるものはなんでしょうか？

その多くは余計な力を入れてしまうこと。それが、「ネガティブな印象を与える表情の癖」となるのです。ちなみに、僕はこの余計な力のことを「ネガティブ筋」と呼んでいます。

美しい表情を手に入れるためのトレーニングは、無意識のうちにネガティブ筋に無駄な力を入れてしまうことを「しない努力」、つまり余計な力を入れない練習から始まります。

ここでは美しい表情のための「しないトレーニング」を紹介します。

●しないトレーニング① 眉間にシワを寄せない

眉間はネガティブな表情を与える部位の代表格です。眩しかったり、寒かったり暑かったりすると眉間には特に力が入りがちですよね。

中には普通に歩いているときでさえ、眉間にシワを寄せてネガティブな表情になっている人がいます。また、スマホを見るとき、いつの間にか、眉間にシワを寄せていませんか？ 険しい顔でスマホを覗き込んでいる美人よりも、涼しげに柔らかな表情で見ている人のほうが、側から見て絶対に素敵です。

だから、眉間にシワを寄せる癖のある人は、癖を直すポイントを決めて、少しずつ意識的に直して行きましょう。

眩しくて険しい表情になってしまうとき、眩しくないフリをするのは苦痛ですから、目を一度つむり、10秒くらい太陽をまぶた越しに見てみてください。その後一旦視線を下ろして、目を開いてみると、あまり眩しさを感じなくなるはずですよ。

また、「スマホを見る」とか「本を読む」という行為の前には、2、3秒目をつむってネガティブな表情になっていないか確認したり、眉を2、3回持ち上げたりしておでこをほぐすことも効果的です。

●しないトレーニング② 人と話しているときに目をそらさない

心の中に不安な気持ちが常にある人は、他人から目をそらしてしまったり、つい睨んだりしてしまいがちです。これらの目の動きは、自己否定感や他人からの脅威を感じながら生きていることの表れでもあります。

でも、その自己否定感が思い過ごしなら？　その脅威が勘違いなら？

もしかするとあなたは、自分に対しても、相手に対しても、とても失礼なことをしているかもしれません。

人と話す時は、相手の目（黒目の中心）を見るように心がけてください。左目でも、右目でも結構です。見やすいほうの相手の目を両目で見てください。もし息苦しく感じたら、一度目をそらして遠くを見て、もう一方の目に焦点を移してください。これを続けることで、無駄な力が抜け、相手への配慮の意思表示がしっかりとできるようになります。

●しないトレーニング③　目を思い切り見開かない

メイクをしていて、最終確認で鏡を見るとき、キメ顔をして、目を見開いている人は要注意です。

このネガティブな表情は、無意識に浮かべてしまうものですが、それを自覚する方法は簡単です。

左右のもみあげから１００本ずつ髪の毛を束にして、つむじのあたりでゴムで結んでください。髪の毛が短くてゴムで結べない人はおでこの生え際から5センチぐらいのところにピンを挿しておくと良いでしょう。

それで1日過ごしてみて、こめかみに引っ張られる感覚があるときは、目元に必要以上に力が入っているサインです。

目を大きく見せようとするときだけでなく、眉間にシワを寄せたりしてもこめかみに引っ張られる感覚があるはずです。

そういう違和感があるときは、無駄な筋肉を使っているときなので、力を抜くことを意識しましょう。

こうやってネガティブ筋に自覚的になれば、それを改善していくことができます。

目元の無駄な力を抜く習慣ができれば、日常的に自分の魅力を十分に出せるスタート地点にやっと立てたことになります。

顔の無駄な力を抜くには次のトレーニングも効果的なので、ぜひ試してみてください。

●目元のトレーニング

目に力を入れてぎゅっとつぶって、そのあとぐるぐると眼球を回したり、パチパチとまばたきをして目を潤す。

●おでこのトレーニング

おでこにクリームを塗って、手をグーにして、拳で上下にぐりぐりとマッサージをします。

おでこは、感情をつかさどる前頭葉と密接に関連しています。おでこの筋肉が凝ることは意外と知られていませんが、マッサージをしてほぐすことで、おでこのシワも目立たなくなり、目が本来の大きさに戻るので、おすすめです。

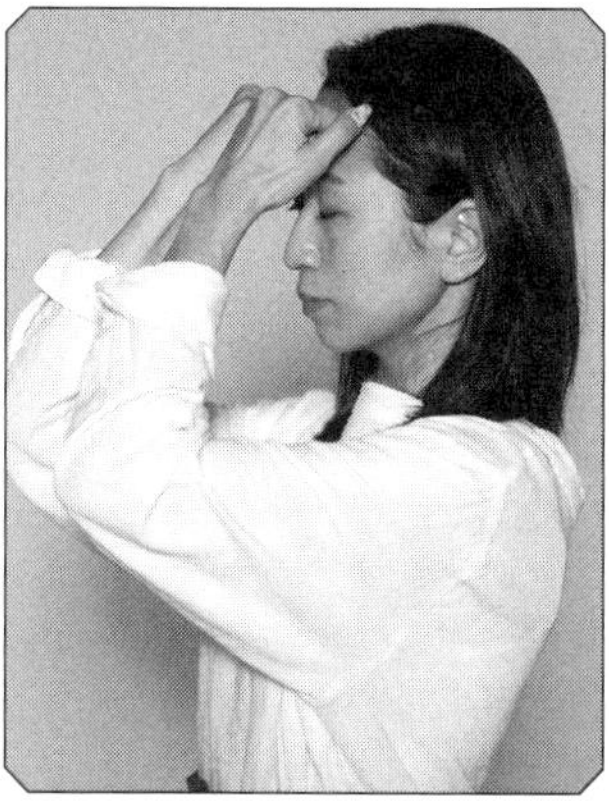

このマッサージは、眉間にシワが入りがちな人に特におすすめです。

口角は「下げない」のが鉄則

19

余計な力を入れないことが美しい表情の基本ですが、唯一気にすべきなのは、「口角は下げない」ことです。年齢を重ねれば重ねるほど、筋肉は重力に逆らえなくなり、気を抜いているとほとんどの人は口角が下がっているので、**意識的に今より2ミリ上げるくらいがニュートラル**（上がっても下がってもいない自然な状態）**だと考えてください。**もちろん過度に力を入れるのは逆効果なので、2ミリというのは「気持ち上げる」くらいの感覚です。

では、試しに鏡の前に立って、口角を「気持ち2ミリ」持ち上げてみてください。それだけで頬が少し横に広がりますよね。これを、普段から意識すればいいのです。

また、**「リップを塗ったときに、こめかみに向かって口角を思い切り上げることを20回繰り返す」**というのを習慣にすると、口角が下がりにくくなり、自然にニュートラルな状態を保ちやすくなります。

普段から我慢することが多いな……と感じる人は、口元に力を入れる癖がついているので、空を見ながら思いっきり口を開けて筋肉を伸ばして、ほぐすことを習慣にしてください。あくびのフリを3回ぐらいするのでもいいですね。それだけで、動きの悪い口元の癖を改善することができます。また、人を気遣い、がんばりすぎる人は、「への字口」になりやすいので、注意しましょう。

実はモデルや女優も見落としがちなのですが、片方の顎で噛み続ける癖があるとどうしても「笑顔の歪み」が生じますので、硬いものを食べるときは、左右交互に噛むことを心がけましょう。グーッと歯を食いしばってみて、どちらか片方に力が入らない場合は、すでに顎の筋力が衰えているのかもしれないので、そういう場合は、衰えている側でたくさん噛むようにすると良いでしょう。

気がついたら歯を食いしばっている、もしくは、歯ぎしりがすごいと周りから指摘されたことがある人は、無意識に顎の筋肉に力が入る傾向があるので、疲れが取れにくく、口角も下がりやすくなります。朝起きたときに顎のこわばりを感じる人は睡眠時にしっかりとリラックスできておらず、それが表情力を下げる要因の一つになってしまいます。その場合は、良い睡眠を取れるような工夫をすることも必要です。

●舌のトレーニング

舌のトレーニングは口元の表情力アップと密接なつながりがあります。

やり方自体は簡単です。舌をつき出して、口のまわりでぐるぐると回すだけ。上下、左右、など舌を動かすと、動かしやすさが左右で違うことに気がつくはず。動きづらいということは、それだけ凝っているということなので、しっかりとほぐしてください。

そのほか、舌で上下の歯茎を舐めるのを20周繰り返したり、あくびをするように、大きく口を開けたあとでカチカチと歯を合わせてみる、というのも効果的です。

あまり美しい姿ではありませんが、一人の時間にぜひやってみてください。

また、写真を撮られるときにも言えるのですが、日常でも、口元を「半開き」にすると、構えていない、自然な感じに見えます。というのも、**力が入っているときは、口元は半開きにならず、リラックスしているときにしか、半開きになることはないからです。**


口を閉じていると、厳しい印象だったり、気が張っている印象が出てしまいます。少し口を開けて、口元を緩めることで、顔の印象も緩めることができます。

ただし、「口で吸って、鼻で吐く」呼吸はお忘れなく。また、息を吸うときは、吸っていることがわからない程度の口の開き方にしてください。口で吐くと息を吐いている口の形になるので、あまり美しくありません。

表情の「休憩」でネガティブ筋を撃退

みなさんは、疲れているときはどんな表情をしていますか？　疲れているときは表情になんて意識が向かないと考えるかもしれませんが、実は疲れ切っているときこそ、表情においては一番美しい「基本顔」に近いのです。なぜかと言うと、疲れているぶん、目元も口元も無駄に力む余裕がない＝ネガティブ筋が出てこないからです。

だから疲れているときは**背筋だけちゃんと伸ばしてさえいれば、意外なくらい自然体でかつ、美しくいられます。**　あとは、「口角を気持ち上げる」ことだけ意識できれば、もうそれだけで理想形に近いのです。

ネガティブ筋を撃退するのに効果的なのは、次のようなタイミングで表情の休憩時間を確保することです。

●あくび

あくびは眠くなったときに誰にでも起こる生理現象ですが、顔中の筋肉をほぐすのにとても有効です。あくびは別の人のあくびを誘導するので、あくびをしている人が目の前にいたら、我慢せずにその誘いに身を任せ、表情を一旦リセットしましょう。

●クシャミ

クシャミをすると、体は完全に力を抜くことができます。だから「必ず」リセットされますが、大事なのはこのほぐれた状態を記憶しておくことです。

クシャミをしたタイミングで、こめかみや、目頭の上を押さえたりして、自分自身の筋肉がほぐれているか確認してみてください。そしてその状態をしっかり記憶してください。

● 深呼吸

現代人の生活は何かとペースが速すぎるため、呼吸が浅くなりがちと言われています。

「歩くとき」や、「立ち止まったとき」には必ず呼吸を整える習慣を持ちましょう。

歩いているときは、息を鼻から吸いながら4歩を歩いたら、息を鼻から吐いて4歩歩くペースで息をする。このときに眉間は力を抜くこともお忘れなく。

街中では周りのスピードに流されないように、ときどき立ち止まり、肺が酸素で満たされるまで、丁寧に深呼吸する癖をつけましょう。

深呼吸することで、顔の筋肉にかかるストレスもだいぶ軽減されることに気がつくと思います。

また、気分がイライラしているときは呼吸が浅くなっているので、目をつむって心を落ち着けるように、４秒息を吸って、４秒息を吐いてください。

●入眠儀式

ベッドに入ったら、手のひらを天井に向けながら、全身の力を抜くというヨガの手法を試してみてください。自分が無意識に力を入れていることにハッとすると思います。また顔の筋肉が外に広がっていくように意識し、その後に力を抜くことで、ネガティブな感情を軽減させることができます。

目力なんて必要ない

21

なぜか人は「目力」に過剰にこだわるようです。

メイクの中でも誰もが最も時間をかけているのはアイメイクではないでしょうか。

目が大きいことが美しいとされているからそうしたくなるのかもしれませんが、アジア人女性の中でよく見受けられるのは、ばっちりアイメイクをしたうえで、さらに目を見開く行為です。


「十分に目は大きくなっているんだから、目の力を抜いて、楽にしてください！　大丈夫だから！」


撮影のとき、このセリフを僕はこれまで何度言ったことか！

写真を撮られるときだけならまだしも、好意を抱いている人と顔を合わせたときや仕事の打ち合わせ、あるいはお友達とお茶をしているときでさえ、人の話を聞きながらおでこを上げて、目を見開く癖のある人もいます。

こういう癖がある人は、アイメイクで強調された目元がむしろ「怖く」見えてしまったり、圧を感じさせてしまったりします。

アイメイクに「目力」を加えるのは明らかにトゥーマッチなのです。

そもそもメイクをしているかどうかに関わらず、目を大きく見せようと目を見開くこと自体、絶対にしてはいけません。

それは、周りの人に、「私は背伸びしないと受け入れてもらえない人間なんです。等身大では受け入れられるはずがないんです」と言っているようなものだからです。だから、

がんばって目を見開けば見開くほど、人の心は遠のいていきます。

もちろん、目が小さいのが嫌、細いのが嫌という悩みはぜひメイクの力で解消してください。ただし、そのときも、上まぶたのアイラインとマスカラというベーシックメイクにして、アイライナーで目の周りをぐるっと囲まない方がベターです。また、目をつむっているときの顔もまた見られる表情の一つなので、目を閉じているときの顔も自分で写真を撮って確認してみましょう。特にアイシャドウやつけまつげをする場合はなおさらです。

つけまつげは、眼をつむった時が盲点で、ノリが見えてしまうと、何かがついているような感じに見えてしまうのです。さらに、つけまつげが重すぎると、眼が閉じ気味になったり、影ができやすくなるので、分量を考えないといけません。

いずれにしても、目元の魅力をアップさせるのは、ナチュラルでベーシックなメイクです（P132からのメイクレッスンで詳しくお話しします）。その上で、目の力を抜くことができれば、劇的に印象は変わります！

「目を見開かないと、眠そうに見えてしまう」という人もいますが、実はそう思っているのは自分自身だけというケースがほとんどです。

周りの人からは、優しい雰囲気と好感を持たれることが多いので、どうか安心して力を抜いてください。

ずっと目に力を入れ続けてきた人はどうすれば力が抜けるのかわからないかもしれません。そういう人は丁寧に呼吸をしてみてください。そうすると、楽に力が抜け、ありのままの、でも最大限の目の大きさになります。

もしくは、**周りに誰もいないときの自然な状態を思い出してください。**誰もいないのに、目を大きく見せようとする人はいないと思いますから、その状態が肉体的にも、精神的にも最も自然で楽な状態、つまり余計な力が入っていない状態であるはずです。

目の大きさよりも表情力

22

目が大きいほうがインパクトがあるように感じるのは、アジア圏だけの発想です。西洋文化圏にいれば、目の大きい・小さいは日常的にほとんど聞くことがありませんし、仮に誰かの目に魅了されることがあったとしても、それは目の大きさとは関係ありません。

なぜなら人が美しいと感じるのは、その人の瞳の奥に見える内面の姿だからです。

そこには、誰もが生まれながらに持ち合わせている、屈託なく、純粋で、何かに染まっていないその人の姿が映し出されます。社会の規律や家庭環境がどうであろうと変わらないその人の本質は、瞳の奥の眼差しにこそ表れるのです。美しい眼差しの女優やモデルに多くの人が魅了されるのは、彼女たちの目がキラキラして大きいからではありません。その瞳に人間らしい自然な美しさがあるからなのです。

アジア圏の女性の間で爆発的な人気を誇っているカラーコンタクトにも、僕は警鐘を鳴らしています。

瞳の大きさや色を変えることは、あなたの容姿に劇的な変化をもたらしますが、眼差しが伝えるはずの人間らしさ（やその人らしさ）は確実に損なわれます。カラーコンタクトは「小さなサングラスを瞳につけている」ようなものですから、常にサングラスをかけている人と対話するのと似たようなシチュエーションなんです。

一流の女優やモデルは、カラーコンタクトやフチありのコンタクトなどに興味は持ちません。それに頼ると、他人との間に大きな壁ができて、愛されにくくなることを知っているからです。

「目は口ほどに物を言う」という言葉のとおり、目は顔のパーツの中でもっとも表現力が豊かです。だからこそ、人と話すときはしっかり相手の目を見ましょう。相手の黒目に映る自分を見るようにすると、余計な力が抜けます。

Column 1

鏡の前での表情トレーニング

チャプター3ではいくつかの表情トレーニングをお伝えしましたが、もっと積極的にやってみたいという人は次のことを試してみてください。

朝起きたら、鏡の前で「笑顔」を作り、自分に「おはよう！」と言って微笑む。

頬骨の上のお肉を持ち上げるつもりで、口角を思い切り上げていくと、その重さで疲れますが、そのまま疲れないところまでゆっくりと口角を下ろしていくといい笑顔を作り出すことができます。

「おはよう！」と挨拶をしながら、嫌な顔する人はいませんよね。

同じように、一日の終わりにも鏡を見ながら、自分自身に「おやすみ、お疲れ様」と言って、笑顔のトレーニングをやってみてください。

また、さらに余裕があるときは、正面→右斜め15度→正面（顎上げ）→左斜め30度→正面（顎下げ）など、顔の角度をいろいろ変えてみると、面白いですよ。斜めの角度はミステリアスかつセクシーな感じ、顎上げはちょっとクールな感じ、顎下げは可愛い感じになるので、意外な自分の表情に気づくでしょう。

鏡を見るというのは、自分と向き合うこと。

そういう時間をうまく使うことも、表情力アップの鍵になります。

なお、光のコンディションによって見え方が全く違ってくるので、自信をつけるためにも、きれいな光があるところで鏡を見るようにしてください。

Chapter 4

自分の魅力を引き出して育てる技術

Discover your ideal self, journey towards it.

9つの「囚われ」チェックリスト

チャプター3では、表情力をアップさせるトレーニングをしました。チャプター4では、「なりたい自分＝理想像」を見つけ、そこにいかに近づくかについてお話ししたいと思います。「なりたい自分＝理想像」に近づくために、まず取り払うべき重要なものがあります。それは、誰もが1つは持っている「囚われの心」です。

人は育っていく環境の中で9つの大きな囚われを持っているそうです。それに執着すると、一層「自分らしさ」からは離れていきます。だから、なりたい自分に近づくためには「囚われ」から解放されていることが大事なのです。その9つの囚われの心を紹介します。

次のチェックリストの中で、あなたが最も囚われているものはなんですか？

これら9つの「○○しないといけない」に囚われるときは大抵、何かに怒りを覚えていたり、自分を哀れんでいたり、不安気な表情をしています。そのときは「あ、今の自分は囚われているな」と思っていいでしょう。気づいたときは、「そんなことはないんだ」と意識して手放すように心がけてみてください。表情からネガティブな要素が消えていきます。

Check List

9つの「囚われ」

Check!

- □ 完璧じゃないといけない。
- □ 人に奉仕していないといけない。
- □ 成功して、キラキラしていないといけない。
- □ 個性がないといけない。
- □ 知見がないといけない。
- □ 誰かと絆を感じていないといけない。
- □ いつも楽しくないといけない。
- □ 強くないといけない。
- □ 穏やかな気持ちでいないといけない。

ポジティブ変換エクササイズ

24

次のステップでは、自分の中の魅力に気づいて、磨いていきます。

そう言うと、「自分の魅力なんて、わかりません」と言う人がよくいます。

僕からみるとみなさんとても魅力的なのに、それに気づいていない人が驚くほど多いのです。そして気づいていないから、磨くこともできない。

魅力に気づいていないばかりか、「だって私は、ここも変だし、ここもダメだし……」と、自分の欠点を並べる人もいます。

自分らしい魅力がわからないと思ったときこそ、

「欠点」を起点に考えると、知らない自分に出会えます。

それではここで、ちょっとしたエクササイズをやってみましょう。

●ポジティブ変換エクササイズ

あなたの欠点はなんですか？
自分の中で好きじゃないところはどこですか？

「目が小さい」
「鼻が低い」

こういった顔のパーツのお悩みは、表情力やメイクでいくらでも良くできるとこの本ではお伝えしています。問題なのはこれらを「欠点」と思って囚われているあなたの考え方の癖だけ。

こんなときに便利なのが「ポジティブ変換エクササイズ」です。自分の欠点をポジティブな言葉で言い換えてみましょう。

「目が小さい」→「つぶらな瞳」
「鼻が低い」→「控えめな鼻」

と言うと、欠点も魅力に見えませんか？

自分の欠点をポジティブ変換するのが難しいと感じるなら、同じ欠点を持った友だちにならなんて言うか、考えてみましょう。

「人に合わせるのが苦手」
→**「マイペースで自分の世界を持っているんだね」**

「家事や仕事がちゃんとできない」
↓**「完璧を求めるからできないと思ってしまうんだよね。真面目な性格なんだね」**

「落ち込みやすい」
↓**「感性が豊かってことだよ」**

いかがですか？
自分の欠点を、他人のもののように客観的に見られると、欠点も魅力のひとつと受け入れられませんか？　少なくとも欠点ではない「自分らしさ」にはなりますよね。

自分の嫌だな、という部分を見つけるたびに、このポジティブ変換エクササイズをやってみてください。これまで欠点だと思って隠していた部分に光を当てることができます。

そうすると、表情から自信のなさがだんだんと消えていきます。

「理想像」の見つけ方

理想像の話をすると「理想なんてありません」と言う人がいます。

それでも「変わりたい」「今よりよくなりたい」という気持ちだけはあるので、行き先がわからず堂々巡りになって途方に暮れてしまうのです。

「理想像」というのは、「なりたい自分」に辿り着くための道しるべのようなものなので、ぜひ自分の中に持っておいたほうがいいでしょう。

実は「理想像」がなかなか見つからないと思う人は、「自分はどうせ変われっこない」という思い込みが強い場合が多いのです。

その思い込みを外すために、ひとつ質問をします。

「もし、今すぐ世界中の誰にでもなれるとしたら、誰になりたいですか?」

25

この質問のあと、あなたがなってみたいと思う人が、パッと頭の中に浮かんだはずです。もしかしたら、一人じゃなくて、何人かいたかもしれませんね。

思い浮かんだら、なんでその人になりたいと思ったんだろう？　と自分の心と対話してください。セレブになって、キャーキャー言われたい、とかじゃないですよ。ファッションが好き、笑顔が素敵、人柄が好き……など、いろいろな理由が挙がるはずです。たくさん書き出して、リストにしましょう。

それらの要素を組み合わせたのが、あなたが求める「理想像」になります。たった一人の人物ではなくて、いくつもの理想があっても構いません。

あとはそれを自分の心の中にしっかりと意識して生活するだけです。「理想像」と言うのは、自分と１００％違うものにはなりません。どこかしら、自分が「芽」を持っているものから繋がっているのです。

自分の中に理想像の芽を見つけて、それを育ててあげればいいのです。

理想の人は自分らしさのスパイス

理想像を見つけられないという人がいる一方で、すでに憧れの存在がいるという人もいます。

そういう人は、どんどん憧れの人の真似をしていくのが、あなたの魅力を引き出す近道です。

ただし、服もメイクも表情も、１００％真似しようとするのは自分らしさを否定してしまってよくありません。

前の項でお伝えした質問を、ここでもしてみましょう。

「なぜその人が好きなのですか？」

この問いについて、自分の心と対話してください。きっとたくさん理由が挙がるはずなので、リストに書き出しましょう。

その中で、できそうな部分から、真似してみてください。繰り返しになりますが、憧れの人の中にあるできそうと思える要素は、すでに自分の中に「芽」を持っていることが多いからです。

表情をいきなり真似するのは難しいのでおすすめしません。僕がおすすめするのは、その人のしぐさを自分のしぐさに取り入れること。メイクやファッション、表情をいきなり真似するよりも自然で、かつその人の雰囲気に寄せていくことができます。

そのあと、少しずつファッションやメイクなど他の要素も取り入れていってもいいでしょう。

最初はぎこちなくても、しばらく続けていけば体に染み込んでいきます。

無意識の表情の癖

大きな街に行けば行くほど、ショーウィンドウなどに映り込むたくさんの自分に出会います。鏡を見るときと違って取り繕う暇もないので、おそらくそれはあなたにとって無防備で不本意な自分でしょう。

街を歩いているときは、何も意識をしないで、ただ「目的地まで移動するだけ」であることが多いですよね。**この「何も意識していない」ときこそ、実は自分の生き方や習慣が最も表情に表れているのです。**

「自分の知っている人だけの前で、ちゃんとした表情をすればいいや！」というふうに考えるかもしれませんが、大事なデートや商談など、本当の「いざ！」という時の表情の土台には必ず「何も意識していない」ときの表情があるのです。

だからまずは、その無防備で不本意な表情も自分として認めなくてはなりません。

その上で、自分に愛される自分、つまり「なりたい自分」は、そういう表情で街を闊歩している自分ではない、と思うのなら、一度立ち止まり、大きく10秒ほど深呼吸して、体や顔のどこに力が入っているのかを確認しながら、力を抜くことを繰り返してみましょう。

最初はそれを何度もやることになるでしょうが、繰り返すうちに表情を直す機会は少なくなります。それはまさしく「なりたい自分」に近づいている証拠なのです。

気持ちの演出で表情力を鍛える

28

スマホでの自撮りが当たり前になった今の時代、世間の人も、モデルや女優と同じぐらい、自分の姿を写真という形で客観的に見ることが多くなりました。

笑顔の自分、真顔の自分、リラックスしている自分などを自撮りして、いろんな自分を知ることは、表情の力を鍛えるためのいい機会になります。

表情磨きの秘訣となるのは、いろんな気持ちの「演出」を練習すること。

「なんちゃって」
「てへっ」

「ヒャッホウ」

なんて言葉を声に出しながら、いろんな気持ちの、いろんな表情に挑戦してみましょう。新しい表情のバリエーションが見つかるでしょう。

ただしそのときの重要な注意点は、**「自分にないもの」を探しにいかない**ということです。

例えば「お茶目で愛嬌のある」自分を探そうとして、「なんちゃって」ってどうやるの？と思うなら、そこにあなたはいません。

「愛嬌」や「お茶目」のやり方を人に聞かなければわからないようであれば、そこにあなたの要素はないということです。

逆に「これはしっくりくるな」と思ったら、それは新しい魅力を引き出したサインかもしれません。

個性を魅力的に見せるには？

チャプター2でメイクで個性を足すと魅力がダウンすることもあるという話をしました。ファッション雑誌などには、奇抜でハイファッションなメイクもよく載ってますよね。最先端をつくる作業なので勇気が要るのは確かですが、そうやって個性をアップしつつ、ちゃんと魅力的に見せる方法もあるということを、僕はフランスで学びました。
でもそれは上級テクニックなので、僕がおすすめするのはベーシックメイクに個性を足しながら、魅力を引き出すこと。

つまり、**自然体＋個性＝魅力**です。

これは、最も楽に美しく魅力的に見える公式なのかもしれません。
個性は、自分の気に入っているパーツや、それとは逆のコンプレックスを感じるパーツから生まれます。

つまり、気に入っている、あるいはコンプレックスを感じているパーツというのは、良くも悪くも「際立っている」ところなので、どちらであってもそこを中心に自分の個性を見出していくことが大切です。

売れている「個性派のモデル」というのはみんな、コンプレックスを自分の持ち味として活かしています。それがまさに、**自分のことを好きになるための「コンプレックス対策」**なのです。

コンプレックスを活かすというのは、それをあえて目立たせる、という意味ではありません。コンプレックスと向き合い理解することで、魅力的な見せ方を見つけるのです。

では、ここからは、コンプレックス対策の具体的な対策を考えてみましょう（P132からのメイクレッスンも参考にしてください）。

●目が小さい、目が一重

目を大きく見開くのは、「自然体」の枠から離れてしまうので絶対NG。一重の目の人におすすめなのは、まつ毛を盛るよりもアイラインで遊ぶこと。

アジアンビューティーの象徴でもある一重は、「エキゾチック」と一般的に言われます。「エキゾチックな目をしている人」は、二重の目をしている人とは醸し出す雰囲気も含め、すべてが違うんです。その美しさを引き出すメイクを心がけましょう。

●顔が大きい、顔が丸い

アジア人、特に日本人に多い悩みです。とりわけエラが張っているのを気にしたり、隠そうとしたりするのも日本人特有なのかもしれません。顔の大きさや骨格を変えることは、技術的にも難しいですが、髪型でフェイスラインを隠すことが簡単にできる対処法になります。また、大ぶりなアクセサリーをつけて小顔効果を狙うことも考えられます。

●鼻が低い、鼻が高すぎる

アジア人で鼻が低い悩みもあれば、欧米人は鼻が高すぎる悩みを持っています。実際、鼻を低くする整形をした人も知っています。だから、どちらが良いというのはありません。

魅せるための鼻を作るなら、メイクなどでハイライトやシャドウを入れることができますが、意外と見落としがちなのは、鼻毛。毎朝の身支度時に、チラッと出ていないかぜひチェックしてください。

●口元の悩み

歯茎が出てしまう、または歯茎の色が良くないことをとある女優は悩んでいました。彼女が歯茎を見せない笑顔を、努力して、研究し、見事な自然な笑顔を身につけていたことを思い出します。彼女と同じ悩みを持っている人は、普段から上唇と歯茎を固定させるように意識しましょう。

個性をさらに輝かせる

ここでは、あなたが見つけた理想像にさらに近づくテクニックをお伝えします。

30

●その1　健康的に見せること

老若男女すべての世代で間違いなく魅力的に見えるのは、心身ともに元気があることです。心身が弱って猫背になったり、いつも苦しげな表情を浮かべていたりすると、どれほど顔の造形が美しくても、魅力的とは言えません。美しさだけでなく、「強いこと」に、人は魅力を感じるのです。「強さ」に惹かれるのは、動物の絶対的本質です。いつも背筋を伸ばし、胸を張って過ごしましょう。

歩くときは重たそうに足をひきずらないよう、軽やかに歩きましょう。逆説的に聞こえるかもしれませんが、**心身の「強さ」は実は「軽やかさ」でもあります。**だから「軽やかさ」を意識することから始めるのは、健康的な自分らしさを見つけるための良いアプローチでしょう。

●その2　ファッションに制限をかけない

ただし、その大前提は、自分という「素材」を活かすこと。

美味しい料理を作るには、その素材の風味や食感を活かすのが大事であることはよく知られています。ファッションもそれと同様です。自分の素材を上手に活かしましょう。

例えば、日本人であるあなたが「イタリア人のようなオシャレをしたい」と思ったとします。日本人とイタリア人とでは、そもそも体型が違いますが、体型をカバーして、「隠す」ことばかり考えてしまうと、自分の素材を活かせませんし、ファッションを楽しむこともできません。劣等感に悩まされ続けることになってしまうでしょう。

隠すことなく、自分の素材を活かすことを心がければ、伸び伸びと羽を広げてファッションを楽しめるはずです。それは、自分が自分であることへの誇りにもつながります。

そして、流行やトレンドに闇雲に流されるより、本当に大好きなものを素直に取り入れて、30年後に写真を見返しても恥ずかしいなんて思わない自分をつくっていきましょう。「ファッション迷子」を自認する人は、好きな形、素材、色などどれか一つを軸に選んでいくと良いでしょう。

●その3 「なりきる休日」を過ごす

前の項で、理想像のマネを少しずつしてみるとお伝えしましたが、これは真逆からのアプローチです。

憧れの人や理想像に100%なりきる日をつくってみてください。

これは僕が、撮影のときによく使うテクニックです。

たとえば、撮影される人が緊張してどこを見たらわからないようだったら、「あなたは透視能力があります。その壁を通り越して、遠くに富士山が見えます。その富士山を見つめてください」と言います。そうするとその人は、目の前に壁があるにもかかわらず、遠くを見つめているような眼差しになり、奥行きのある表情が生まれるのです。その役になりきると、その人の表情のスイッチは簡単に変わるようです。

そもそもモデルや俳優は、与えられた役になりきるのが仕事です。セリフだけでなく、表情やしぐさまで、その役柄に合わせて変化させます。

それと同じように、思い描く理想像になりきってみてください。

「こんなとき、あの人ならどうするだろう」

「どんなふうに話すかな?」

「どんなふうに歩くかな?」

と常に意識しながら行動してみてください。そうすると、普段の自分とどこが違うか、どう変えると美しいか、よくわかると思います。続けるうちに、いつの間にか理想の表情やしぐさが普段の生活にも出てくるようになります。

その3のテクニックは非常に効果があるので、いきなり人と会うときにやるとびっくりされてしまいます。まずはひとりで過ごす休日から始めてみてください。

年齢を自分の魅力に変える力

老いに逆らって生きるのか、共に生きるのか？
答えは、今すぐに出ますよね。
だって、老いに逆らうことはできませんから。
だから、すべての人にとってのテーマは、

「逆らうことのできない老いを、どうやって自分の魅力に変えるのか」

になります。一生、魅力的に生きる自分をつくり上げるためには、老化していく自分を念頭に置いたトレーニングを考えなくてはならないのです。

例えばシワは年齢を感じさせるものではありますが、言い換えるなら人生の年輪です。

31

だから、「どんな表情で日々過ごしているのか」で、シワのつき方が変わっていきます。

小さなことにいつも感謝したり、他人に幸せを提供できる人は、笑顔の数が増え、「幸せな横ジワ」（目尻のシワなど）が刻まれることでしょう。

一人で家にいる時間は、気が抜けると同時に自分にベクトルが向くので、特に自分に対して厳しい人や自己評価の低い人は、眉間にシワを寄せ、口角を下げ、険しい顔をしてしまいがち。そうすると一気に「不幸ジワ」が増えます。だからとにかく顔に余計な力を入れないこと。それが最も効果的な「不幸ジワ」対策になります。


また、人は老化とともに筋力が衰えていき、口角が下がっていきます。顔の筋肉が地球の重力にさらされている以上、下へ下へとたれていくのは自然の摂理と言えるでしょう。筋肉の硬直によって張りが減少していくのも原因の一つになっています。

だから、口角は常に2ミリ上げることを意識してください。繰り返しになりますが、2ミリというのは、最大限の効果をもたらす絶妙な加減なのです。その小さな努力の積み重ねによって、老化を美しく表現することができます。

僕はいつも、年齢を重ねることによる女性の変化をさまざまな花にたとえています。

・20代は薔薇

華やかで、弾けるツヤ感、時にトゲトゲしく、トレンドを追いかけ、女性とは何かを知る期間

・30代は桜

社会でほかの女性と自分とを比べながら、他人と同調する能力を鍛え、他人の良いところを吸収していく期間

・40代は百合

自分らしい生き方が見えてきて、棘はなくなっても、存在感を放つことができる期間

・50代は金木犀

雰囲気で魅了する。その場にいるだけで周囲の人を優しい気持ちにさせる最強の女になる期間

どの年代にもそれぞれの素晴らしさがあります。その良さを受け入れられれば、自然と年齢を美しく表現できるはずです。

いつまでも薔薇のままでいようとしても、本当の若さには負けてしまいますし、無理をしてボロが出てしまっては、美しさを保つことさえ困難です。若さにしがみついて若い子に対抗するように自分を着飾ることほど悲しいものもありません。

だから、新しい花に変貌を遂げることをもっと楽しみましょう。次の世代に移る日は、新しい花に変わる日です。そんな記念すべき日が10年に一度訪れるのは、ワクワクすることではないでしょうか?

そんなふうに生まれ変わることを楽しみながら、その年齢に見合った花になることが美しい老い方です。ただ精神的な活動に関しては、年齢の足かせを外す「生き方」を実践すると、いろんな体験を楽しむことができます。

30 年齢以上に老けて見える表情に注意

年齢を重ねるごとに、そこには新しい魅力があるとお伝えしました。しかし中には、実年齢以上に老けて見えてしまう、残念な表情が癖になってしまっている人もいます。笑うときに顔中にシワがたくさん浮かぶのは、悪いことではありません。それは周囲を明るくする「幸せジワ」です。問題なのは、ネガティブな表情から生まれてしまう縦方向のシワです。

・口をすぼめる

不満気な表情を浮かべるときに、ついつい口をすぼめてしまう人がいます。そうすると、普段の表情から口元に縦ジワがクッキリと刻まれてしまいます。よくマンガで見るような、梅干しみたいな口元になってしまうのは、残念ですよね。口元に力を入れるのは、口角を上向きにするときだけ！　と心がけましょう。

・鼻の下を伸ばす

考え事をしているときに、「ん〜どうかな〜？」と、鼻の下（人中）を伸ばす癖のある人がいます。それを繰り返していると、面長が強調されたり、マリオネットラインが深くなったりします。美容整形では、人中を短くする施術もあるように、人中は長く見せない方が若々しく見えるようです。やっているな、と気づいたときは基本顔にリセットしてください。

・眉間にシワが寄っている

イライラしたときや、困ったときに眉間にシワを寄せてばかりいると、眉間にくっきりとシワが残ってしまいます。「ん？　この人、何言ってるんだろ？」と思ったときに眉間に力が入る人もよく見かけます。そういう人は、他人の言動にあまり神経質にならずに、おおらかに受け止めるように心がけるといいでしょう。

そしてもちろん、忘れてはいけないのは口角が下がらないようにすること。この本では繰り返しお伝えしていますが、年齢を重ねれば重ねるほど口角はどんどん下がってしまいます。ここだけは年齢に逆らって、しっかり持ち上げていきましょう。

Column 2

オンライン・コミュニケーション

オンラインはリアルのときと違って、同じ空気を感じられないというデメリットがあります。空気感や雰囲気を共有せずに、人と対話するということは、これまで経験してこなかったまったく新しいコミュニケーション方法です。

もうすでに、みなさんオンラインで対話をしていると思いますが、リアルでは味わえない新鮮な感覚がある一方で、オンラインならではの違和感を抱くこともあるのではないでしょうか。

例えば、画面から目をそらしたり、そらされたりすることに対してはリアル以上の抵抗があります。しかし、ずっと画面に向き合っていれば、息が詰まるもの。それを我慢して見せないようにするのもまた体や表情にも良くないので、僕は次の3つを提案しています。

① いろんな座り方をしながら、体と表情が固まることを避け、「顔を見続けて対話しなくてはならないストレス」のガス抜きをする。

② 打ち合わせ中は、画面越しでもよくわかるように相手の話に大きくう

なずく。

③「本当は一人で、パソコンの画面の前に座っているだけ」と割り切る。

特に大事なのは③です。画面の前でずっと目を合わせ続けていると、緊張感から息が浅くなりがちなのですが、冷静に考えれば、「ただ一人で、画面の前に座っているだけ」なんですよね。それに気づくとストレスがかかりにくいので、リラックスした表情を保てるようになります。

オンラインでよく見かけるのが、もうすでに画面が共有されているのに、表情を作ってしまう人！　切り替える前の表情が大抵怖いので注意しましょうね。また、「この人は、裏表がある人だ」と思われてしまう危険もあります。もし、顔をつくりたいのであれば、徹底的に好きな顔をキープする必要があります。

でも、それだとぐったり疲れてしまいますよね。

だから、無意識でも、楽に、美しくいられる表情力が必要なのです。

Special

Make Lesson

特別付録

表情の魅力を100%引き出す メイクレッスン

メイクの力を上手に使いこなすことで、表情の魅力はさらにアップします。
ここではメイクアップアーティストの SAKURA さんとともに、
気をつけたいポイントをお伝えします。

メイク指導 SAKURA

「見てほしい部分」に相手の視線を集中させる

「本当はしっかりメイクをしているのに、そうは見えない」というのが、僕が考えるメイクの理想像。特にこの本でお伝えしてきたような、表情からその人の美しさを引き出すアプローチは「みずみずしく、健康的に見せるメイク」でこそ活かされます。TPOによっては、派手めのメイクがその人をより魅力的に見せる場合もありますが、やりすぎはどうしても怖い印象になってしまうので、基本的にはNGです。

また、目元なのか口元なのかそれ以外なのか、その日に見てほしい部分は1か所に絞り、そのほかの部分はすっぴんに近いくらいに控えめにすることも大切。そうすることで、表情の美しさを残しつつ「見てほしい部分」に視線を集中させることができます。

＼ レッスンを受けた人 ／

（左から）サナエさん（狩猟気質）、マイさん（遊牧気質）、ミホさん（農耕気質）。

lesson 01

ベースメイク

Base Make

欠点をカバーするよりも「隠しごとのない」自然体の肌に

　肌のコンディションを気にする人ほど、ファンデーションで厚塗りしようとしがちですが、そのぶん生き生きとした生命力が薄れてしまいます。また、欠点がうまく隠せたとしても、その下に「何か」が隠れていると感じさせてしまうのは魅力的ではありません。

　実は人が魅力を感じるのは、欠点のない肌ではなく、生命力を感じさせるような「みずみずしい肌感」です。そういう意味では、ファンデーションはカバー力より、上品なツヤ感のあるものを選ぶのが正解でしょう。

　シミや赤みなどをカバーしたいなら、頬の中央部分だけ薄くファンデーションを重ねづけします。そうすると、ファンデーションを厚塗りすることなく、欠点が目立たない仕上がりになります。

Point

ツヤ感の出るベースをファンデの上からプラス

素肌感を出すために、顔全体に薄めにファンデーションを塗ったあと、頬の高い位置にだけ、ツヤ感の出るベースを重ねます。ヨレそうな時は、手持ちのファンデーションに混ぜると自然に馴染みます。

- ファンデーションは極力薄く
- シミやシワは無理に隠さない
- 部分的にツヤを与えると肌全体の印象がきれいに見える

Point

お風呂上がりみたいな血色のいい頬を演出

クリーム系のチークを、頬骨の上を中心にして周囲に馴染ませることで、お風呂上がりのようなしっとりした肌感に。内側からじんわり発色するような赤みのあるピンクを選べば、健康的な印象を与えられます。

- ツヤのあるクリーム系チーク
- 頬骨の上からじんわり馴染ませる
- クリアな赤は子どもっぽくなるのでほどよくくすみを含んだ色を選ぶ

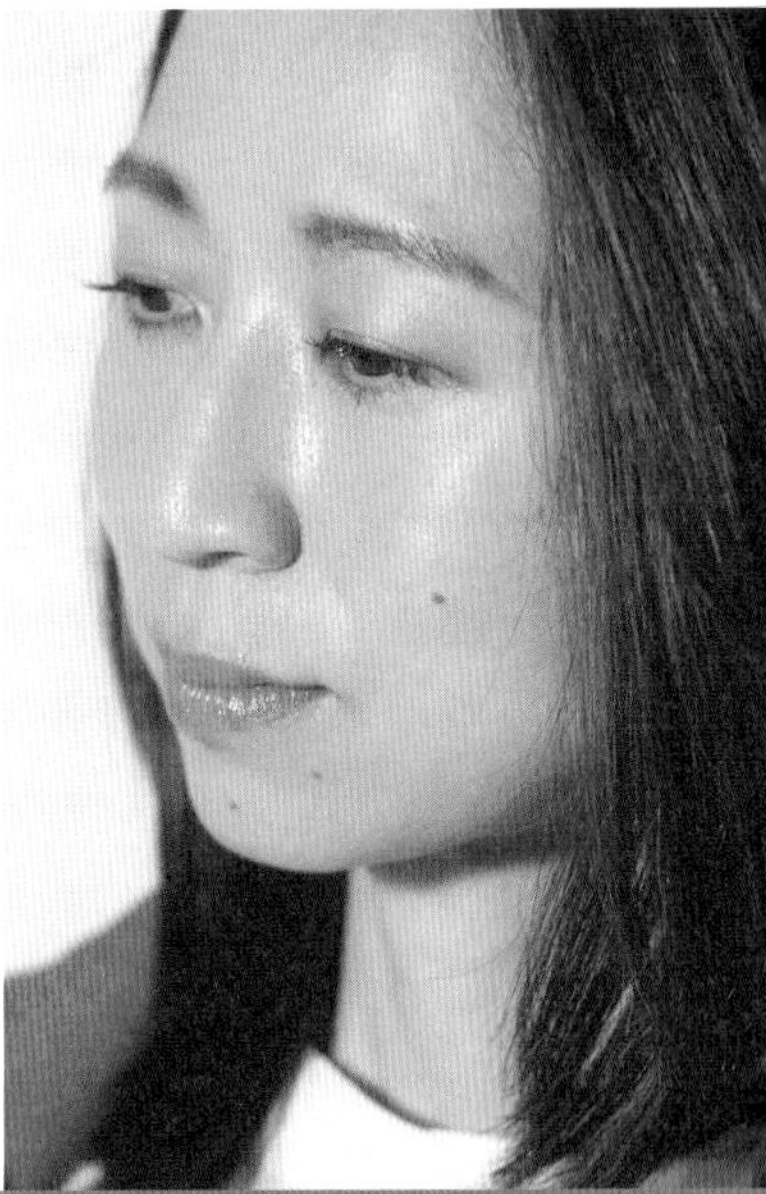

lesson 02

アイメイク

Eye Make

目元はやりすぎNG!
控えめくらいがちょうどいい

本文で何度も強調したのでみなさんにはすっかりお馴染みと思いますが、目を大きくしようと無理に見開くのは絶対にＮＧ！「自然体」のイメージから大きく離れてしまいます。もし目元にインパクトを持たせたいのなら、目を見開くのではなく、アイメイクのテクニックを使いましょう。

僕のおすすめは、アイライン。赤などの個性的な色でラインを入れると、ものすごく色っぽくなりますよ。特に一重の目の人は目元の魅力が増すので、ぜひいろんな色を試してみてください。眠そうに見えたり、ぼやっとして見えるのが嫌という人は、ビューラーでまつげを整えたりするだけでも、印象はガラリと変わります。アイメイクに関しては、やりすぎず、気になるところを整えるくらいのさじ加減がちょうどいいのです。

Point

個性が目元に表れる
アイメイクを心がける

黒の代わりにテラコッタカラー（レンガのような赤褐色）を選ぶと、控えめなようで、強い意志を感じるような目元になります。アイメイクはやりすぎるとやや周りに媚びるような印象になってしまうので、自分の個性を自分自身が楽しむメイクを心がけましょう。

・テラコッタカラーのアイラインをインナーに入れる
・マスカラも同じ色で揃える

Point

細めのチップで
シャドウと目尻の影を繋げる

スポーティで一見化粧気がなさそうに見えるのに、その印象を裏切るような独特の色気を感じさせる秘密は、目尻に足したシャドウラインです。いかにも「引いてます」というイメージにならず、目の幅を広げられます。

・リキッドライナーの代わりに、アイシャドウで目尻にラインを入れる
・細めのチップかブラシで目尻の影につなげるように引く

lesson 03

眉

Eyebrows

表情の魅力を引き出す
一番の鍵は「眉」にある

眉間はネガティブな表情を与える部位の代表格です。そのため、ほどよく力が抜けた自然体の表情の鍵は実は眉にあるのです。

美しくしっかり描かれた眉もセクシーですが、表情の魅力を引き出すなら、もともと持っている眉の個性を活かしながら、柔らかな印象を醸し出すのが効果的です。

ビジネスシーンなどきちんとしたい場面であれば、色味は濃い方が引き締まった印象になり、揺るぎない意志を感じさせます。一方で、優しげな表情に見せたい場面では、濃すぎる眉は避けましょう。眉頭を少しぼかし気味にするだけでも、かなり印象は変わります。普段から、眉間にシワが入りやすかったり、力が入りやすかったりする人は、チャプター３の「美しい表情のための『しないトレーニング』」をぜひ実践してください。

Point

パウダーに濃淡をつけて優しく上品な表情に

濃すぎる眉は主張が強くなるので、パウダーでふんわり色を乗せます。濃淡をつけることで、柔らかくてナチュラルな仕上がりに。目尻にむけて徐々にトーンダウンするようにすると上品な眉になります。

- ペンシルの代わりにパウダーを使う
- 黒目の上あたりだけ少し濃いめの色を使い、他の部分は一段薄い色を乗せる

Point

リラックスした眉間は眉頭の位置で作る

自然な眉の形に合わせた、柔らかなラウンド眉。眉の間は広すぎると間延びした印象になりますが、逆に狭すぎると余計な力みにつながります。目頭の上3〜5ミリ内側が眉頭になるように整えるのが、バランスよく仕上げるコツです。

- 眉頭はうすめの色をぼかす
- 眉頭は、目頭の真上から3〜5ミリくらい内側になるように整える

lesson 04

リップ

Lip

自分の「粘膜の色」をリップの色に選んで

口元で一番大切なのは、口角。口角の角度は「機嫌のバロメーター」でもあります。口角が上がるように意識しながらリップを塗ると、その日の気分も自然と盛り上がるはずです。色は「自分自身の粘膜の色」に近いナチュラルなものを選ぶと、健康的で好ましい印象に仕上がります。

濃いリップはもちろんインパクトがあります。年齢を重ね成熟していくほどに、真っ赤なリップが似合うようになるのは事実ですが、「私、メイクをがんばってます!」感も出やすいので注意が必要。濃いリップを塗りたい日は、目元やチークなど、他の部分には色を乗せないくらいの引き算を心がけましょう。そうしないと「顔がメイクに埋もれている」印象になってしまいます。

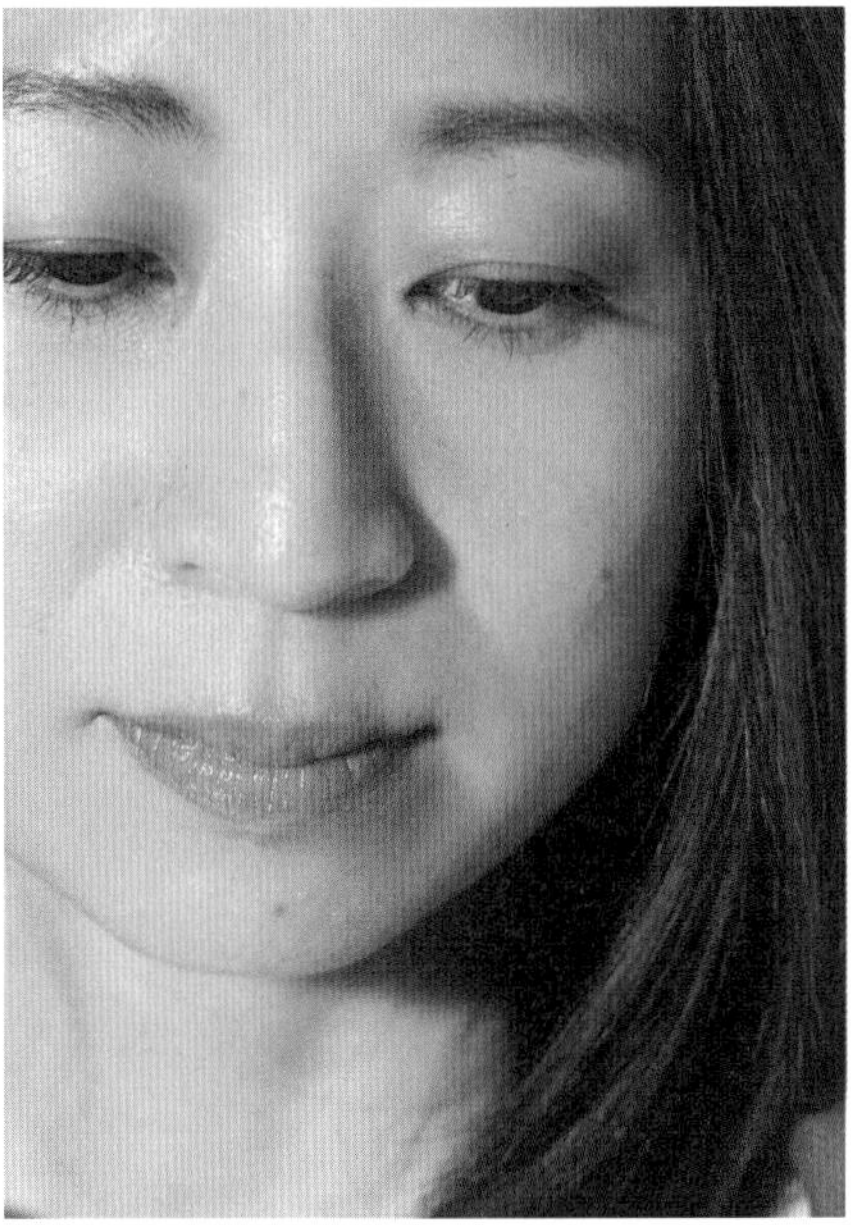

Point

リップクリームを重ねて自然なツヤをプラス

肌馴染みの良いオレンジ色のリップを唇全体に塗ったあと、透明のリップクリームを重ねます。そうすると、血色の良さはキープしつつ、リップクリームだけを塗っているような、自然で軽い印象の口元に仕上がります。

- オレンジ色のリップを塗ったあとティッシュオフする
- ツヤが出るタイプのリップクリームかグロスを重ねる

Point

若々しく立体感のある唇に

ピンクリップを全体に塗り、内側にブラウンのラインを足すことで、引き締まった印象になるだけでなく、立体感も出て魅力的な唇に。健康的な色気も生まれます。

- ピンクのリップは輪郭をぼやかしてオーバー気味に塗る
- 内側にだけブラウンのリップを重ね、ほんのりグロスを乗せてツヤを出す

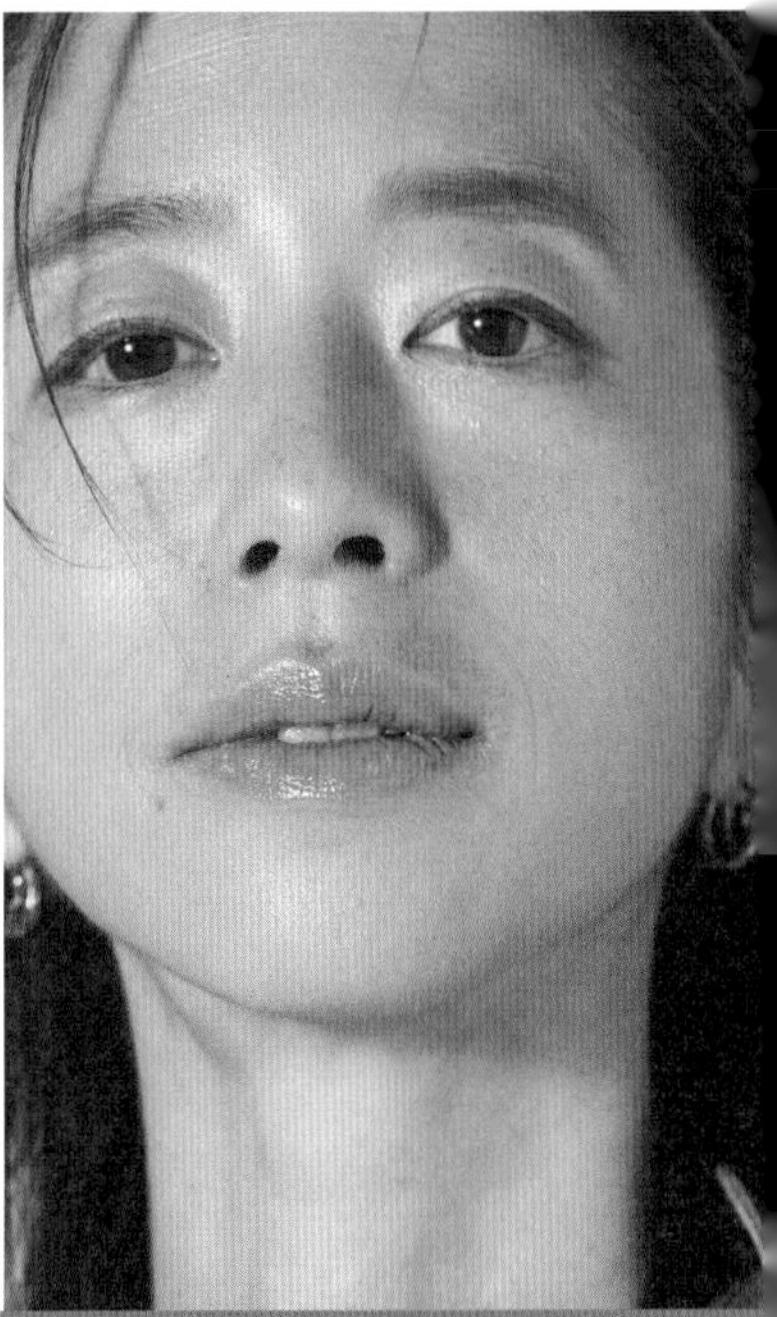

lesson 05

ヘアスタイル

Hair Style

ヘアは「表情の玉手箱」ゆるさと動きを意識して

その人のいろんな「顔」を見せてくれるのが実はヘアスタイル。いろんな表情を見せてくれる『玉手箱』と言ってもいいと思います。

例えば、風になびく髪を直す仕草一つでも、いろんな表情が演出されます。また、例えば髪がふいに絡まってしまうとか、顔にかかったりした時にしか見せない表情もあって、そこに、今までの印象が変わるぐらいのインパクトがあったりします。

だからこそ、ヘアスプレーなどで、ガチガチに固めたりするより、多少乱れたとしても、自然に動くヘアの方が圧倒的に魅力的なのです。

また、重く斜めに下がる前髪は、ネガティブな印象を与えることがあるので、斜め前髪にする場合は、軽さをキープしましょう。

Point

前髪を軽く流して顔の面積を調節する

面長さんの顔の長さをカバーするコツは、おでこを少しだけ隠すように前髪を流すこと。そうすることで、顔の面積を調整します。前髪をおでこ全体にかけると重たい印象になるので、部分的に隠すように流すと軽さが出て、バランスよく素敵に決まります。

- おでこを少しだけ隠すように前髪を斜めに流す
- 両サイドにボリュームを出すとバランスがとれ華やかな印象に

Point

内側をしっかり伸ばして隠したい部分に沿わせる

内側だけヘアアイロンで伸ばし、外側をふんわりさせることで、気になるエラを自然に隠します。さらに、分け目を変えて全体をアシンメトリーにすることで、ヘアにも動きが出て洗練された印象に。

- 内側の髪をヘアアイロンでしっかり伸ばし、気になるフェイスラインに沿わせる
- 外側の髪はふんわりさせる

Chapter 5

写真には
現実世界の
自分がいる

Reflect your true self in every photo.

魅力開花トレーニングのススメ

33

チャプター5では、僕がポートレートを撮影するときに使う美しい表情を引き出すテクニックをお伝えします。

写真を撮られるのが苦手という人は多いですが、その理由のほとんどは、そこに写る自分の顔に見慣れていないからです。

でも、「他人が見るあなたの顔」は、写真に写る顔のほうであり、また、他人にさまざまな印象を与えるのも、基本的には写真に写るほうのあなたの顔です。

つまり、**写真に写る自分の顔をマネジメントすることは、リアルな世界での表情力につながります。**だから写真撮影は手っ取り早い表情力トレーニングの方法なんです。また、リモート会議も、自分の表情を客観的に確認することができますから、表情力アップの機会にすることもできるでしょう。

これを僕は、「魅力開花トレーニング」と呼んでいます。


カメラの前でさまざまな自分の表情を演出するのは、モデルや女優だけの特権ではありません。誰だって自分を演出する権利があるし、そうすべきだと僕は思います。

しかも、あなたが目にしている素敵なモデルや女優の写真も、何十枚、何百枚を撮った中の「ベストショット」です。その一枚だけを見て、みなさんはうっとりするのでしょうが、その裏には失敗作だってたくさんあるんですよ。

だからあなたも、とにかくたくさん写真を撮ってみましょう。


そうして自分がベストショットだと思える写真にたくさん出会えれば、どんどん写真を撮られることに抵抗がなくなり、まるでモデルのように、ぱっぱっぱっと、いろんな角度やポーズを自分のものとして体得することができるようになります。

女優やモデルの表情の見せ方

34

モデルや女優は常にさまざまなキャラクターを演じながら、見せ方を変え、ありとあらゆる演出のバリエーションを作っています。

例えばファッション撮影で凛々しい感じのスーツを着用したときには、どういう角度で見られるとその商品がきれいに見えるのかを意識するのは当たり前のことですが、同時に、彼女たちはその洋服や雑誌のテイストに合うキャラクター、そして「表情」にも、いつも心を配っています。

彼女たちは、さまざまな角度から撮られた「たくさんの自分」を知っています。目線のない写真もあれば、斜め後ろからのカメラ目線、真横からカメラ目線など、さまざまなバリエーションがあります。

前にも述べましたが、彼女たちの美しい表情は、点ではなくて線のようにつながっています。だからどの表情もシャッターチャンスなんです。そして、カメラの前とそうでないところでも彼女たちの表情はさほど変わらなくて、いつでも、笑顔になる準備ができたような表情を保っています。

撮影以外のときでも、常に撮られているつもりで自分の見せ方の練習をしているのでしょう。それは、カメラを向けられても動じないための練習なのかもしれません。

禅の世界でも、ささいなことで動揺しない平常心を重視しますね。これを日常の風景に置き換えるなら、「風になびくような草花の佇まい」に例えられます。

彼女たちが意識していることを、日常に取り入れてみましょう。

常に見られているのを意識することで、人前でも疲れないできれいに見せる術が身につきます。

表情だけではなく、しぐさの一つ一つも見られていると思うと、丁寧にしなやかに見せる癖が自然とできあがります。最初は、意識してぎこちなかった動きも次第に身についていて、「力が抜けているのにきれい」を実現できるようになります。

カメラの前で自然な表情をつくるコツ

35

顔がこわばったり、硬直したりするのは、自然な表情の大敵ですが、遠慮なくあくびするように口を大きく開ける準備体操をしておくと、リラックスした自然な表情をつくりやすくなります。

また自撮りを含め、写真撮影は「ナマモノ」ですので、何枚も撮ると顔がこわばってきます。必ず休憩を入れて、表情筋をリセットすることがとても大事です。

実は写真を撮られるとき、人は十中八九息を止めています。おそらくそれは、キメ顔を意識しすぎているからです。

呼吸を止めて、決めポーズをし始めた瞬間からどんどんどん表情は死んでいきます。無理しているのがどんどんあらわになって、生気がなくなると言ってもいいかもしれません。

それを防ぐには、シャッターを切られる直前に、「大あくびをするように大きく口を開け、胸いっぱいに息を吸い込む」

ということをやってみてください。そうすると、ちょうどシャッターを切るタイミングが、口からフーッと息を吐くタイミングと重なります。

息を吐くときには顔の力が程よく抜けますから、自然な表情で写真に収まることができるでしょう。撮影するとき、たいていの人は表情を固定するものですが、それでもせいぜい2秒くらいです。一流のモデルは呼吸をうまく使って顔をほぐしています。

プロでもアマチュアでも、自然な表情をつくるのが上手な人は、無意識にこれをやっています。空気のハンバーガーを食べるような口をしてから、口角を上げて微笑みをつくる、というやり方をする人もいるので、真似するのもおすすめです。

さらに、カメラを向けられたときに体や顔を傾けると、髪の毛にも動きが出て、やわらかい表情を演出できます。

これは、フェミニンで、少し上品にも見せられるのでおすすめのテクニックです。顎を上げたり、下げたりせず、まっすぐに傾けるようにしてくださいね。

上目使いは、色気を感じさせることでよく知られていますが、たまに見せることでしか効果が表れません。たまに取り入れるからこそ、ドキッとさせることができるのです。ただ、おでこのシワができない程度にとどめることはお忘れなく。

さらに、カメラに対して5度から15度、左か右に傾けることでも色気が増します。

世界共通で言えるのは、女優やモデルのお仕事で撮影慣れしている人は、カメラを見続けることはありません。カメラに意識を持っていかれないために3、4枚に1枚はカメラから目線をそらして、自然体の自分に戻していることが多いものです。

カメラをあまりに意識しすぎると、自然な眼差しから遠のいてしまいます。

シャッターが切られる瞬間までは、カメラからは視線を外し、足元や遠くを見るようにしてください。そして、「撮りますよー!」というかけ声に

合わせてカメラのほうを向くと自然体で写ること

ができます。

また、タイミングが少しずれて、カメラ目線ではない写真が撮れていても、それはそれでアリでしょう。

実はカメラの前で顔がこわばってしまう人は、普段の表情も硬くなりがちです。写真に撮られることに慣れて、カメラの前で自然な表情が出せるようになると、やがて日常の表情からも硬さが抜けていくでしょう。

写真が苦手な人へのアドバイス

写真が苦手と思っているうちは、写真写りは良くなりません。なぜなら、目の前にあるものに対して「逃げている」からです。「しかたなく」参加するのですから、いい表情が出ないのは当然です。

だから、たとえ半歩でもいいので、物理的に体全体をカメラに近づけるようにしてみてください。「写真、苦手ー」と言いつつ、前に出てみるのもいいでしょう。そうやって苦手なことにあえて真正面から立ち向かうと、逆に気を張らないでいられるので、一気に無駄な力が抜け、リラックスできるようになります。それを繰り返していけば、苦手意識も徐々に払拭されていくでしょう。

また、写真を撮られるとなると、つい背伸びをしてカッコつけてしまい、非日常的な表情になってしまう人もいるでしょう。「カッコつける」そぶりをすると表情筋が固まってしまうので、「あ」「い」「う」「え」「お」と思い切り大きく口を開けて、表情筋をほぐすようにしてください。

写真を撮られるときの「カッコつけたい気持ち」は、仕事や、デートのときなどに「良く見せたい」気持ちによく似ているのですが、それでは自然体の表情からどんどん離れてしまいます。

だからと言って、「見られる意識ゼロ」「緊張感ゼロ」で良いわけではありません。ちょうどいいのは、**「大事な人に会う前に家で身支度をしているときの表情」**をイメージしながら、姿勢を正すくらいの感じです。

自分から見た自分、他人から見た自分

31

自分から見た自分と、他人から見た自分は、同じ自分であるにもかかわらず、見え方が違います。

なぜかというと、多くの人にとっての「自分の顔」は、鏡の中の（もしくは鏡のような反射物に映る）顔だから。美容院で見ている自分も、「鏡の世界の自分」なんです。でも、鏡の中では左右が逆転します。左手を上げれば、鏡の中のあなたは右手を上げているのです。

しかし、そうやって「鏡の世界を通した自分」を見ているのはあなただけです。

現実世界で「他人が見ているあなたの顔」は、鏡の中ではなく、写真に写っている顔のほうだと思

ってください。

そもそも人というのは見慣れているものに好感を持つので、写真に写る見慣れない自分に違和感を覚えます。美意識が高い人ほど、また、たとえば顔の左右が非対称であることに悩む人ほど（たいていの人はそうです）、大きなギャップを感じるかもしれません。だからどんな美人であっても写真に写る自分に惚れ惚れすることはあまりないのです。

写真を撮られたことが一度もない人はいないでしょうから、誰もがそういう見慣れない自分（多くは受け入れ難い自分）がいることを知っています。だから、写真の中の自分を見て、つい粗を探そうとしてしまうのです。

その日の肌ツヤなど、細かいコンディションなども気になってしまい、ときには他人と比べて、「人と比べて○○な自分」と自分を卑下したりします。

そしていつしか自分の顔を「つくってしまう」ようになり、いつの間にか「つくった自分」が「本当の自分」だと錯覚してしまう。これは仕方のないことなのかもしれません。

他人の目を気にして、ついつい自分をつくってしまう人ほど、写真を味方につけてほしいと僕は思います。自撮りをたくさん撮って、写真の中の自分を観察してみましょう。

- **どんな表情をしている？**
- **どんなふうに笑っている？**
- **目線は？　顔の角度は？**
- **変な力が入っていないか？**

自分の顔の粗を探すのではなく「どんな表情してるのかな？」と自分に好奇心を持つイメージで！　その上で、気になる部分があれば、意識して直していきましょう。撮れば撮るほど、表情のバリエーションが増えていきます。

そうやって写真の中の自分の表情に慣れてきたら、次はＳＮＳに自撮り写真をアップしましょう。

SNSは今や誰でもやっているもう一つの世界です。そこに自分の写真をアップすることは、新しい世界が広がることを意味します。

「自撮りをアップするなんて、ハードル高い！」

なんて思っていませんか？

でも、もしあなたの友だちがSNSに自撮り写真をアップしていても、「わー、変な顔」なんて思いませんよね？

それと同じです。**自分だけ特別扱いするから、ハードルが高くなってしまう**んですよね。

それでも緊張する、と言う人は、アイコンの写真を最新の自分の写真と取り替えることから始めましょう。お花やペットの写真など、自分以外の写真をアイコンにしている人には、特におすすめですよ。

自撮りは「楽しむ！」

自撮りを日常的にやるようになった現代。自撮りが好きな人は、多かれ少なかれ自分が好きであることに間違いないでしょう。

でも、たとえ今の自分に満足していなかったとしても、自撮りを思う存分に楽しんで、新しい自分を発見していくのは大事です。自撮りとは、「自分らしさ」探しでもあるのです。自撮りという行為自体が「自己肯定感」を高めるための、「愛せる自分」を探す行為であってほしいと僕は思っています。自己肯定感が高まってこそ、あなたの表情は良くなるのです。

そのためにも自撮りで大事なのは、「美しい、美しくない」で一喜一憂せず、「楽しむ」ことを目的にすること。

そして、自撮りをしている時点で、自分に興味があり、愛せる自分を探し求めている自分がいることに気がつくことです。

38

なので、とことん自撮りを遊びで楽しみまくりましょう。
とはいえ、上手に撮るコツはもちろんあるので、ここで紹介しておきましょう。

●その1　画面を見るのではなく、カメラを見る！

画面を見て、写っている自分を確認しながら撮ろうとする人が意外と多いのですが、これでは目線がそれてしまいます。カメラ目線になるためには、当然カメラを見なければなりません。カメラを見ると、自分自身を見ない状態でシャッターを切ることになるので、余計な力も入りにくく、また、普段の自分が人に見せている顔で写ることもできます。

●その2　美しく写ろうとするなかれ！

自撮りをすることや、写真に撮られることが苦手な人ほど、どうにかして美しく写ろうとしてしまいますが、あくまでも「楽しそうに写ること」を心がけてみてください。

「美しく写ること」が目的になっていると、思い通りの納得のいく写真にたどり着くまでのハードルがとても高くなります。

「美しい」と感じることには曖昧さがありますが、「楽しい」と感じるものに、人は嘘がつけません。

「楽しそう」は「美しい」よりも尊いのです。

とことん楽しんで、変顔を繰り返してからの自分の顔のほうが、がんばって繕っている自分よりも自然で美しいです。

●その3　背景よりも、光と影を見よ！

どんなに美しい人でも、光の当たり具合で、より老けて見えてしまったり、シワが目立ってしまったりします。美しく写らない光の前で、どんなに素敵な表情をしても魅力的にはなれません。

特に人工的な光と自然の光が混ざったところは絶対NG！　おすすめなのは、窓際から光が差し込んでいるところです。夕方の光もいいですね。

人工的な光と自然の光は色が全く違う上に、混ざり合うことがないので、どうしても汚く見えてしまいます。窓際で撮影するときは、部屋の電気は消しましょう。

部屋の中で撮るときは、いろいろな色の光が混じるときれいに写らないので、一つの光の色にまとめましょう。


また、晴れた日の12時ごろの、真上から来る日光は瞳の色を潰してしまい、ほうれい線が目立ちやすくなるので避けたほうが良さそうです。モデル撮影のときも真上からの日光は必ず避けるようにしています。

また、逆光は良くないと思われがちですが、光が均一に顔に乗って、シミ、シワなどが目立ちにくくなるのでむしろおすすめです。太陽光がレンズに当たって乱反射が起こり、きれいな光が入り込む可能性もあります（霊的な何かではありません）。

多くの女性は、顔に濃い陰影を入れるのを好まない傾向があります。もし影を入れるのであれば、西日のような、顔と同じ高さぐらいの斜め横からの光を使って撮りましょう。

●その4　ハプニングを逃さない！

いつも自分が決めたタイミングで撮影をしていると、似たような表情で写りがちです。もちろん、それはあなた自身によって研究し尽くされている表情なのかもしれませんが、それだと自分の意外な表情には出会えません。

ハプニング的なタイミングでの自撮りは、カメラ目線じゃない、普段「見られている」自分を確認するのに最適。

ハプニングなので狙って撮るのは難しいですが、長めのタイマーを利用して撮影すれば、そんな表情に出会えるかもしれません。

●その5　笑ってなくてもいい

写真を撮るのが苦手な理由は結構これだったりしますよね。

もちろん、笑顔はみなさんそれぞれにとって「必殺技」のようなものでしょう。ですが、毎回「必殺技」を使って写真を撮るわけにもいきませんから、ポジティブな雰囲気のある真顔でも、ぜひ撮ってみてください。繰り返しになりますが、口角が下がりすぎないことだけ気をつけましょうね。

自分の基本のポージングを知る

39

表情を良くするポージング（動き）を教えてほしい、とときどき聞かれることがありますが、あえて言うならそれは、その人の「基本型」です。

「立つ」「座る」「歩く」「走る」など、あらゆる動作にはそれぞれの癖があると思うのですが、その癖こそが、その人の「基本型」です。

チャプター3で無意識のときの顔を「基本顔」とお話ししましたが、「基本型」は、無意識のうちにそこに戻ってくる動作のホームポジションのようなもの。そのぶん、**余計な力も入らないので、リラックスした美しい表情へとつながっていくのです。**

モデルや女優はシチュエーションや服装、撮影のコンセプトによって、ポージング（動き）を自由自在に変えているように見えますが、それらのポージングはその人だけの「基本型」の組み合わせです。つまり、プロである彼女たちは、自分のいい表情を引き出せる「基本型」を普通の人よりたくさん知っていて、それをパターン化しているのです。

では、自分の「基本型」はどうやって見つければいいのでしょうか？

それは、表情の癖と同じように、ポージングでも無意識にやってしまう癖に客観的に気づくことです。

立っているとき、座っているとき、話すとき、座って本を読むときに、ふと気づくとどんなポージングをしているでしょうか？　それを鏡の前で再現してみることで、いい表情を引き出すポージングのコレクションができあがっていきます。

一般人の私がモデルのようにポージングまで意識するのは恥ずかしい、なんて考えてはダメ。そもそも、自分をどう見せようかということに楽しみを見出せない人は、自分の最高の見せ方にたどり着くことはありません。

いろんな見せ方を試せる人は、これから新しい自分を発見する可能性を大いに秘めています。そしていろんな自分を知ることは、自分をもっと愛することにもつながるのです。

手をうまく使うと表情は変わる

40

無意識のうちに、頬杖をしたり、髪を直したり、顎や唇、鼻などを触ったりする「手の癖」は、誰にでもあると思います。

手の動きは、とても効果的な「リラックス・スイッチ」になります。つい緊張してしまって、表情が硬くなりそうな場面には、そのような「リラックス・スイッチ」をぜひ活用してみてください。

手の使い方にはそれぞれ個性がありますが、違和感がまるでない自然な動きであればあるほど、そのしぐさは自然な魅力を引き出します。

実は自分の手と向き合っているとき、人は精神をリカバリーしている最中なのです。

だからこそ、リラックスした良い表情を浮かべることができます。

写真撮影の中で手を使うのは、あくまでも「リラックス・スイッチ」のため。それが無意識にできる「基本型」だからこそ、意味があるのです。それを勘違いして、「表現力を上げるために」手を顔まわりに意識的に入れたりすると、急にわざとらしくなってしまいますから注意してください。

また、同じ表情をしていても、そこに手が添えられるだけで印象が大きく変わることがあります。**やわらかに添えられた手はいい表情の素敵な小道具になります**が、逆に硬直した指のせいで笑顔が邪魔されているケースも集合写真などでたまに見かけます。

そういう意味では、顔まわりの手の動きも表情の一部だと言えるでしょう。余裕があるかのような表情を見せていても、手から緊張が伝わってくることもあります。表情が笑顔でも、指や手がガチガチになっているとその笑顔が嘘っぽく、無理している感じに見えるのです。撮影のときは、手のひらをほぐしたり指を伸ばしたりして、手全体をリラックスさせておくといいでしょう。

ポージングで新しい自分に出会う

41

ポージングのコレクションは「基本型」がベースですが、せっかく「魅力開花トレーニング」をするのですから、それだけだと無難すぎて少しもったいない気がします。だから、少し冒険して、ポージングから生まれる新しい表情を試してみるのもいいかもしれません。

例えば、頬杖一つとってもそのパターンは

- **頬に手のひらを当てる**
- **顎で頬杖しながら、口を隠す**
- **唇を触る**
- **右手、もしくは左手で、反対の頬を触る**

など、いろいろあります。

また、顔の角度も

- **正面↓右斜め15度↓正面（顎上げ）↓左斜め30度↓正面（顎下げ）**

というバリエーションがあります。

そこに、立っているか、座っているか、とか、体の角度まで加えれば、ポージングのバリエーションは無限に広がっていくでしょう。

もちろん中には、自分にとってあまりなじみのないポージングもあるかもしれません。

でも、そのような**不慣れなポージングによって、これまで知らなかった新たな自分の表情が引き出される**可能性もあります。

また、髪型はもちろん、ファッション、特にスカーフやバンダナ、帽子、イヤリングやピアス、カチューシャ、そしてメガネなど顔まわりのアイテムを替えることでも表情の印象は変わります。表情そのものは変わっていなくても、雰囲気が変わり、また、それによってしぐさも変わるので、表情のバリエーションが増えたように見せられるのです。

小道具でも表情は変わる

スカーフやイヤリングといった顔まわりのアイテムで表情のバリエーションが増えると前の項でお話ししました。もちろん、顔まわり以外のアイテムでも、揺れるものをファッションの中に多く取り込むと、やわらかな表情をより強調することができます。小道具の存在というのは、実はとても大切です。

手元に何もない場合は、その人が美しく立っている、もしくは座っている。そして、美しい表情をしていること以外に勝負できるものがありません。そのせいでかえって表情が硬くなったりもするのです。

でも、そこに小道具があると、何かをしているシチュエーションがつくりやすいので、それだけで気分をリラックスさせます。

つまり、小道具には表情をやわらかくする効果

があるのです。


おすすめは、なんといっても花！

だって、部屋に花を飾るだけでも、気分が変わると思いませんか？

だから小道具として花が、写真撮影でもよく使われるのです。

花を持つだけで、手のやり場に困らず、不安や恐怖からも解放されるので、一気に表情が良くなります。

また、花束を使って顔を隠してから、ひょっこり顔を出すのも誰でもチャーミングに見える「小技」の一つとして使ってみてください。

自分らしい表情で写るコツ

43

普段の生活の中で、集合写真を撮ることって結構あると思います。

あなたがきれいに写りたいと思っているように、きっと隣にいる人も同じようにきれいに撮られたいと一人で思っていることでしょう。そういうときに、あなたがやるべきことは、隣の人の背中に手を置くこと。これだけで、背中に手を置かれた人はリラックスします。不思議なことに、それだけであなたの表情からも硬さが消えるのです。

また、写真を撮る人がかけてくる言葉をそのまま拾って、誰よりも大きな声でその言葉を発するのもいい方法（「笑ってー！」と言われたら、そのまま「笑ってー！」と言うように）。気持ちが解放され、自分の一番いい表情を引き出すことができます。

●ハプニングを味方につける

つまずいた、突然雨が降った、風で髪型が乱れた……。

写真撮影に限らず日常生活全般において、そういうハプニングほど自然な表情を引き出すきっかけをつくるシチュエーションはありません。

「UNEXPECTED（予想外）」な顔というのは、自然な自己開示でもあるので、この上なく魅力的なのです。

ハプニングを作為的に起こすことはもちろんできませんが、ハプニングが起きたのと同じ状況を自分自身につくり出すことはできます。

それがモデルたちや表情をつくるのが上手な人たちも取り入れている「ハプニング呼吸法」です。

やり方は簡単。なるべく顔色を変えずに、お腹にドンっと刺激が来るくらい急速に口で息を吸い込み、あとは吸い込んだ息を鼻からゆっくりと吐いていく。こうすることで、写真が苦手でつい身構えてしまう人でも、自然な表情を浮かべやすくなります。

実践しやすいのでぜひやってみてくださいね。

時代の流れに美しく乗る

最近はスマホのアプリを使って、自在に写真を加工することが当たり前になりました。肌をきれいに見せるのはもちろん、目を大きくしたり、輪郭を細くしたりと、もはや原型を留めていないくらいに加工されるケースもあります。

賛否両論あるこのテーマに対し、「自然派」の写真家なら「そんなのダメです！」と言いそうなところですが、僕自身は、使える技術は使ってもいいと思っています。

大事なことは、加減を知ること。本人だとわからなくなるまで加工するのはさすがにやりすぎだと思いますが、自分だとものすごく加工しているように見えるけれど、他人からはしていないように見える……これが正解ですね。

そしてもう一つ。きれいに加工された自分を見て、現実もそうなろうというモチベーションが高まるならそれでＯＫ！

加工をしているかしていないのかわからない程度の加工は、しても良いと思いますが、実際の自分とかけ離れないようにするためには、少し物足りないかなって思うところで止めておきましょう。

加工アプリを使っている時点で、きれいになる方向にしかいかないでしょうが、過剰な加工は劣等感の表れですし、ほどほどの「活用」を心がけましょう。

ただ、忘れてはいけないのは、**写真は加工できても、表情は加工できない**ということ。だから「表情力」は自前で鍛えるしかありません。

アプリを使いこなすより、表情で冒険する勇気を鍛えるほうがずっと素敵だと僕は思います。

いい表情は、いい「姿勢」から

45

人に常に見られている感覚があるせいか、プロのモデルたちは、常にシャキッと背筋が伸びています。

もちろん最初はこれも意識的にやっていたはずです。そして体に染み込ませるまで繰り返した結果、無意識にできるようになった、ということでしょう。

姿勢を整える方法は、簡単です。

① 横から見たとき、肩の真ん中と同じ位置に耳がある状態になるようにする。

② 横に両手を広げて、指の腹で肩を触って下ろすと胸の開いた正しい位置になる。

③ 胸を開き、体全体が頭の上から一本の糸で吊るされているようなイメージで歩く。

これだけで、見え方が4割増しくらいになります。ただし、やること自体は簡単ですが、

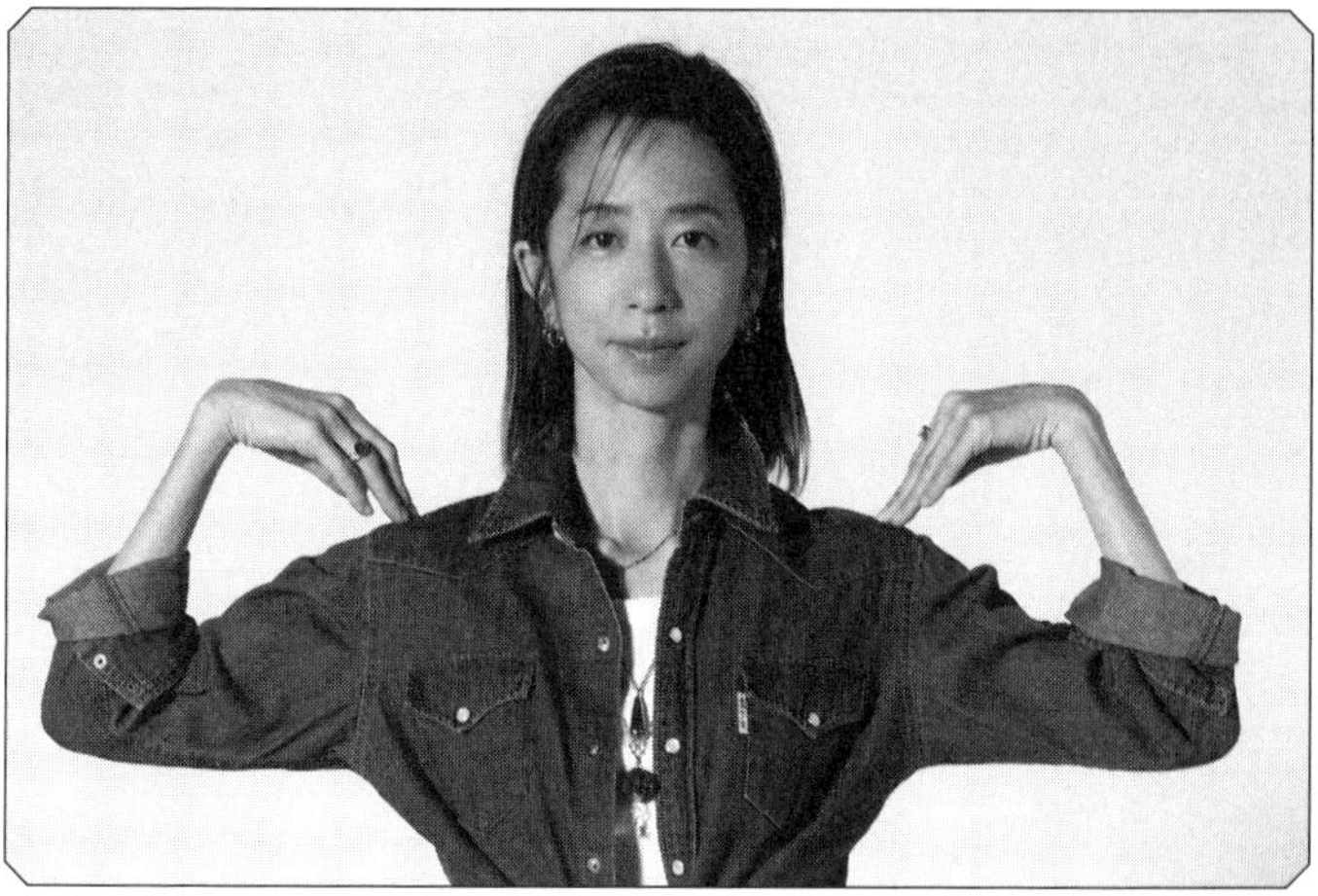

横に両手を広げて、指の腹で肩を触ってから下ろすと、胸が正しい位置になります。

無意識にできるようになるまでは時間がかかります。でも、とにかくこれを常に気にすることが大切です。

姿勢と表情に関連があるように思えないかもしれませんが、表情にとっても姿勢はとても大事な要素です。

なぜかというと、姿勢が悪いと、体全体に無駄な力が入り、それが顔の筋肉をも緊張させるから。つまり、姿勢が悪いと、自然体の表情は生まれないのです。表情の「軽やかさ」を体現するのが姿勢だと言ってもよいでしょう。

「笑顔」のつくり方上手な

「写真を撮るときには笑わなくてはいけない」というのは、世界共通の思い込みかもしれません。

笑顔そのものよりも大切なのは、いつでも笑えるような、オープンマインドでいることだと僕は思いますが、それでも「笑顔」を要求される機会が驚くほど多いのは確かです。

笑顔は世界共通の「相手を安心させ、幸せな気持ちにさせる魔法」

でもありますからね。

とはいえ、人が喜ぶことを優先して、表情筋が凝り固まるぐらいのつくり笑顔は、気分的にも負担が大きいですよね。また、「目が笑ってない」という表現がある通り、内側に「楽しい気持ち」がないとなかなか、上手に笑えなかったりもします。

46

そこで、自然な笑顔で写真に収まるテクニックをご紹介します。

鼻で笑うときって、お腹にふっと力が入りますよね。その時のタイミングで浮かべるつくり笑顔は意外と自然な笑顔になるんですよ。

鼻で笑いながら、つくり笑顔！

これ、意外と使えますよ。

写真に撮られるときだけでなく、普段の会話でも有効です。

また、どうしても笑顔になれない人は、目を思い切りつむってから、口は思い切り大きく聞き笑顔をつくる、という方法もあります。ただし、目に力を入れても、眉間にシワは寄せないように注意してください。歯は見せても、見せなくてもOK。本当に笑顔を「つくる」という意識で大丈夫です。準備ができたら、目を開くという感じなのですが、思い切り目元に力を入れて、目元の筋肉をほぐすという効果を狙っています。

なぜそういうことをしているかと聞かれたら、「笑顔が苦手なので、最終兵器としてやっている」とでも言っておけばよいでしょう。そうやって、自己開示することに対して、嫌な気持ちになる人はいません。いざとなればこの方法があると自分を安心させる「おまじない」にもなります。

Chapter 6

コミュニケーションツールとしての表情

Turn expressions into powerful communication tools.

感情は目元と口元に表れる

47

このチャプターでは、表情を使ってコミュニケーションを円滑に進める方法をお伝えします。

人の感情が最も表れる場所は「目元」と「口元」です。

特に目元は、人間の思考をつかさどる脳と直結している器官なので、そこには必ずその人の心情が浮かび上がります。だから、人は本能的に他人の目元を中心に見てしまうのです。それは世界共通の傾向と言っていいでしょう。

もし、あなたが心を閉ざしていれば、遠く離れた風習の違う国々の人でも、あなたが心を閉ざしていることをその目を見て察知することができるのです。また、疑っていることや、恐怖を感じていることもあなたの目に表れます。もちろん、嬉しい、楽しいなどの感情もすぐに表れます。まさに「目は口ほどにものを言う」というわけです。

一方の口元には、「ポジティブ」とか「ネガティブ」とか「緊張している」といったそのときの気分が表れやすいと言われています。

こうしてコミュニケーションの大事な要素である「表情」がつくり上げられるのですが、「普段の表情」は自分で確認することや、見ることがとても難しいというのは非常に歯がゆいものです。もしかすると、あなたの心の癖が「表情」に表れ、周りにネガティブな印象を与えているかもしれません。「表情」はあなたの「魅力」になり得るものの、自分で上手に扱うことが難しい「魔法」でもあるのです。

だから、「目」や「口」の「表情」をコントロールして心情や気分を演出することは、自分を活かす方法の一つだと言えます。

感情が表情に出やすい人と出にくい人

48

感情が表情に出やすいタイプと出にくいタイプの人がいることはすでにお話ししました。

感情が出やすいほうが、コミュニケーションをとるのが上手かと言えば、必ずしもそうではありません。双方に長所と短所があるので、一概に感情をどんどん表情に出せばいいというわけでもないというのが面白いところです。

- **歯を見せて笑うことが多い＝感情が表情に出やすいタイプ**
- **歯を見せて笑うことが少ない＝感情が表情に出にくいタイプ**

という基準で、それぞれの傾向と対策を考えていきましょう。

● 感情が表情に出やすいタイプ

注意したいのは、大げさに感情表現してしまうこと。

人に合わせることに慣れて育っている人によくある傾向なのですが、面白くもないのに笑ったり、相槌を必要以上にたくさん打ったりするのが癖になると、人と話すときにプレッシャーや緊張感を与えてしまいます。すると知らず知らずのうちに、自分自身にも相手にも圧をかけて、お互いに疲れてしまいます。

このタイプの人は**ゆっくり丁寧に、自分の体を動かしたり、人前でも呼吸を乱さない**ということから、始めてみてください。特に緊張しやす

い人、自信のない人などは、呼吸を乱して、早く動いてしまう傾向があるので、一人でいるときのように、ゆっくりと丁寧に動きましょう。

過剰な感情表現が減ると、堂々としていて、相手にも安心感を与えることもできるようになります。

●感情が表情に出にくいタイプ

表情からは考えていることが伝わりにくいので、意思疎通や、信頼関係を結ぶのに若干時間がかかります。

このタイプの人は、「**相手が話しているときは、目を見て、大きくうなずく**」ことを心がけてみてください。

これをするだけで、世界のどの国の人を相手にしても、対応ができることでしょう。

心穏やかに、母親が子どもに接するように安心感を与える対応をしましょう。相手が話していているときは、目を真っ直ぐ見て、大きくうなずくように心がければ、無理に笑顔を作る必要もありません。

視線を合わせ、大きくうなずく。そこに＋α、日本人らしい細やかな優しさを少しスパイスとして入れることで、感情が表情に出にくくても、円滑なコミュニケーションが図れるでしょう。

表情をマネジメントする

表情を上手に「演出」すれば、人間関係を円滑にしたり、人の感情を心地いいものにして、自分の居場所をつくりやすくなります。つまり、コミュニケーションに苦手意識があるとしても、表情をうまくマネジメントすることができれば、その問題は解決するわけです。

人生の着地点はもちろん、「なりたい自分=理想像」と「本当の自分」との融合ですが、コミュニケーションのツールとしては「見せたい自分」の演出も必要なのです。

49

そうやって人とのコミュニケーションがスムーズになり、楽に生きられるようになると、「なりたい自分」にも近づいていくのではないでしょうか？

大切なことなのでくり返しますが、自分が話し手のとき、しっかりと伝えたいと思うときには必ず目を見るようにしてください。自分が聞き手のときも、理解しようとしている姿勢を見せるために、タイミングよく頷き、相手の目はちゃんと見ましょう。ただし、目元に余計な力を入れないことを心がけてください。聞いている人の不安要素を取り除くためにも「真っすぐ目を見る」のが鉄則です。「話すときに目を合わせない人は信用に値しない」というのは誰もが抱く感覚ではないでしょうか。相手の目を見るのが苦手、怖いという人は、黒目の一番端の部分を見るように心がけると良いでしょう。

また「眼差し」は「心」に反応しやすく、そこに心の動きが表れます。

ネガティブな気持ちになると、眼輪筋や眉間、おでこに力が入り、感情がそのまま相手に伝わってしまうので、なるべく、目のまわりに力を入れないなどのトレーニングをしましょう。

口元のアプローチでやってはいけないのは、への字口です。意識することの基本は、少し口角を上げること。無理に笑顔をつくる必要はありません。口まわりに指を持っていく癖のある人は、それを我慢しなくても大丈夫。この癖を使うと、表情にメリハリがつき、コミュニケーションには良い影響を与えます。

自分自身では、そんなに機嫌が悪いつもりではなくても、口角が下がっているだけで随分と不機嫌に見えてしまいます。普通に歩いているだけなのに、不機嫌に思われてしまっては、せっかくきれいなお洋服も、丁寧にしたメイクも活かせなくなりますよね。

口元の角度は「機嫌のバロメーター」。

人から見られることを職業にしている方は、上手に口元の角度を整えています。

口角の上がった顔は「元気がいい」表れで、若く見える要素でもあります。アンミカさんや中谷美紀さんは良いお手本です。

あなたを美しくするミラーリング効果

50

ポジティブなものであっても、ネガティブなものであっても、**表情には、人から人へと伝播していくという特徴があります。**

これは「ミラーリング効果」といわれるものです。

写真家は撮影の現場監督でもあるので、僕は人の表情を常にチェックしています。そして気づくのは、一流と言われる人ほど、このミラーリング効果をうまく使っていることです。

日本を代表するとある俳優さんは、個性を残しながら、自由自在に同調（シンクロ）していきます。ミラーリング効果を意識するだけで、疲れることなく誰とでも接することができるのです。個性が消されると思って、現場に馴染もうとしない方々もいますが、一流と二流の差は、このミラーリング効果の力にまで気がついているかどうかではないかと僕は思っています。

他人と顔を合わせるときに、もし相手が何か同調できないような表情をしていたり、相手の表情からネガティブなものを感じ取ったりしたときには、自分もそういう表情をしているのかもしれません。つまりそれは、自分がしている表情がそのまま、相手に伝わり鏡のように反映されているのです。

それに気づき、正すことが美しいコミュニケーションと美しいセルフマネジメントにつながります。相手との空気がモヤモヤしていると感じたときは、自分から表情を晴れやかにすることで雰囲気を明るく変えることができます。

「人の表情を見て、我が身を正す」ことを習慣化しましょう！

笑顔の「3段階」

ここまで僕は「良い表情＝笑顔」だとは限らないと、繰り返し話してきました。ただ、写真撮影でも笑顔が求められることが多いように、「自然な笑顔」というのは、世の中をうまく生き抜くために欠かせないコミュニケーションツールの一つであることは誰も否定しないでしょう。なぜならそれは人間の本能として、最も受け入れやすい表情であるからに他なりません。

笑顔には段階があり、それぞれの段階には特徴があります。そしてそれらを意図的に出すテクニックもありますので、撮影の際に狙う効果と併せて紹介しましょう。コミュニケーションにおける効果のヒントとしてぜひ参考にしてください。

●第1段階の笑顔→微笑みの力

歯を見せない微笑み

51

最も初歩的で、感情を伴わない、簡単にできるスタンダードな表情の形です。

やっていても疲れない程度に口角を持ち上げた表情が、すでにあなたの基本形になっているなら、そこから、頬骨を持ち上げるように、こめかみ方向にもう少しだけ口角を上げれば、自然な微笑みを浮かべられます。

実は、このスタート地点の「微笑み」だけでも、コミュニケーションツールとして十分通用します。真面目な人ほど「苦しそうな微笑み」になりがちですが、「自然な微笑み」は「自然な笑顔」よりずっとハードルは低いので、「口角を持ち上げた」表情の基本形がまだ身についていない人も、次のようなやり方で「自然な微笑み」を体

得してみてください。

①　口角を2ミリ上げ、余計な力を入れずに鼻から息を吸って、風船のように顔を膨らませることをイメージします。

②　そして眼球まで膨らんだと思ったら、勢いよく「ゴンッ」と頬杖をしてください。

③　すると、目から空気が抜けたような、力が抜けた感覚が訪れます。

そのとき、鏡で自分の顔を見てみてください。無理なく、微笑みがつくれているはずです。自分で「無理してない」と感じられたなら、それが正解です。

その感覚を体得し、誰か（特に身近な人）に会うときは、いつもその「微笑み」を浮かべることを意識してみてください。慣れてくると、特に意識しなくても、いつも「自然な微笑み」が浮かべられるようになります。

●第2段階の笑顔→安らぎの境地

歯を見せて笑う

感情を伴わないと出しづらいのではないかと思うかもしれませんが、「へへ」もしくは「ははっ」と笑っているときと同じようにお腹に力を入れると、割と簡単にこの笑顔はつくれます。

ただし、この「笑顔」は1、2秒しか持たないので、必要なタイミングに合わせて瞬間的に行うことが大事です。

「よろしくお願いします」や、「ありがとうございました」という挨拶をするときに、

よ★ろしくお願いします。

★ありがとうございます。

というように、★（星マーク）のところで、このテクニックを使ってみてください。
また、続けてやるときは、左右に首を振って力を抜いてからもう一度やってください。

●第3段階の笑顔↓無条件の全肯定

顔を歪ませて大笑い

これは、感情が抑えきれないときにだけ出る表情です。

絶世の美女であれ、くしゃっと笑ったときは、顔が大きく崩れるものです。この手の笑顔は自分では愛しづらく、また意図的につくるのも難しいのですが、この笑顔は万人に笑顔を誘います。まさに魔法に近いと言っていいほど強力な力を持つ笑顔なのです。「顔が崩れて恥ずかしい」なんて思わず、思い切り笑ってみてください。その笑顔

がみんなを幸せにします。

●ヘラヘラ笑いを微笑みに変える

幼少期から自信がなく、自分を取り繕うことで困難を切り抜けてきた人の多くが、意味もなく「ヘラヘラ」笑いながら、人と会話する癖を持っています。その人にとっては、それが世の中を生きていくための処世術だったのでしょう。

ただ、逆に言うとそういう人は笑顔をつくることに慣れているとも言えますから、呼吸を正しさえすれば、比較的簡単に「自然な微笑み」や「自然な笑顔」をつくることができます。

鼻で笑うときには、横隔膜が上下する（お腹に力が入り、小刻みに動く）感覚があると思いますので、それを10回ほど続けてください。次に、微笑みながら、鼻から思いっきり「フンッ」と空気を出します。これを繰り返していくうちに意識しなくても横隔膜が細かく震えて、本当に笑っているときと同じ感覚が得られると思います（余談ですが、このトレーニングを意識的にするだけで、脳は勘違いして、幸せホルモンを出すそうです）。

なりたい自分を表情で演出する

「見せたい自分」をどのような表情で演出するのか。
そのヒントは、写真の「テーマ」とそのときのモデルの表情に隠されています。
一つ一つ具体的にお話ししていきましょう。

●自分を強く見せたい、意志があるように見せたい

目をそらさずに、まっすぐと相手の瞳の奥のどちらかを覗き込むように見てください。人は相手の両方の目に同時に焦点を合わせることが難しいので、どちらかの目に焦点を当てるようにするほうがむしろ自然なのです。

ここでポイントなのが、見ていて心が安らぐほうの目を見ること。ただし、過剰な目力で見ると、

圧迫感にもなり得るので、そこは気をつけましょう。また、気分を変えたいときには、反対の目に焦点を当てるのが良いと思います。

●優しさや親しみをアピールしたい

優しさや親しみという行為自体が能動的な行為なので、それをアピールしたいときは、自分から相手へ、いろんな表情を見せるよう心がけることが大切です。

そのために、会話をするとき、相手に関する質問をたくさんしていきましょう。

質問に対する返答をすべてポジティブに持っていくということを意識すれば、おのずと優しさや親しみのある表情が出てきます。

また、親しみを感じさせたいなら、目線で圧迫感を出さないようにする注意が必要です。

なんだか見られている気がするなあと思って、気になる方向に視線を向けることってよくあると

思いますが、そのイメージで相手を見るようにすると、余計な力が入らず優しい眼差しが演出できます。

海外などでは、たまたま目が合ってニコっとされることがよくありますよね。まさにあの感覚です。

●ポジティブ、生き生きした感じに見せたい

普段から眉間を中心に顔のパーツをすべて左右に広げるイメージで過ごします。表情が出づらい、歯を出して笑うことが苦手な人は大きな声で話す、というのを意識すると良いでしょう。出会った瞬間から大きな声で話すというのは、ポジティブな印象を与えるのに効果的です。挨拶だけは元気だね、なんて言われるかもしれませんが、それでいいんですよ。だってその印象が残っていれば、そういうイメージを演出しやすく

なりますから。

●セクシーに見せたい

口を半開きにして、自分の顔の好きな部分が正面になるように角度をつけ、顔まわりに手を持ってくると良いでしょう。髪をいじったり、頬杖をついてもOK。首を見せるのもおすすめです。

無防備な状態、かつ、全部を見せないという演出がベスト。

顔を全開にせずに、髪の毛などで少し隠すのは必須です。手を使うのもいいですね。

隠しすぎは興醒めするので、見せてもいいんだけどあえて隠す、みたいな感じですね。

表情で距離感をコントロールする

52

表情を自在に操ることで、相手との距離感をコントロールすることができます。

たとえば、距離を縮めたい相手には、親しみやすい満面の笑顔を見せると、相手の緊張感はほぐれますよね。これは、みなさんも普段から無意識にやっているテクニックだと思います。

僕も、撮影で相手が緊張しているときは、親しみやすい笑顔や声かけで、相手との距離感を縮めることがよくあります。ただ、距離感が近いままでは、お互いにだんだん窮屈になってしまうので、僕のおすすめは「最初にグッと近づいて、そこから程よい距離感に調節する」というもの。

ではどういう距離感がちょうどいいかというと、それは「幼なじみとの距離感」です。

僕の考える幼なじみとの距離感は、こんな感じです。

・近すぎず、遠すぎない。
・肩の力が抜けている。
・仲は良いけど、ベタベタしすぎてはいない。
・飾らなくても平気。
・気にせず本音が言える。
・無理に好かれようとか、上に立とうと思わない。
・相手にいちいち干渉しない。
・離れていても元気でいてほしい。

僕はこれが理想的な距離感なんじゃないかと思っています。これが保てているときは、相手も自分も、リラックスした良い表情になっているはずです。

仕事相手なら、ここに、丁寧な言葉遣いやマナーを追加すれば、そのまま使えます。仕事相手だからって、急に背伸びしたり、完璧を装うのは結局うまくいきません。恋愛もしかりです。

ジェスチャーは表情の装飾品

表情の力をさらにアップさせるには、ジェスチャーを上手に取り入れることをおすすめします。表情は感情を伝えるツールですが、ジェスチャーを使えば、よりわかりやすく相手に伝えることができます。僕は撮影のとき、カメラの前でジェスチャーをしてもらうこともよくあります。そうすると、ジェスチャーに引っ張られて表情の幅もグッと広がるんです。

「ジェスチャーって、大げさじゃない？」
「なんだか、わざとらしくなりそう」

なんて思う人もいるかもしれません。確かに、芝居がかったジェスチャーは、その場の空気を白けさせてしまいますよね。気になる異性と話すときに「えー！　そうなんだー」と大げさに口に手をあてる人をたまに見かけますが、ちょっとあざとさを感じてしまいます。

54

ジェスチャーをするときは、芝居がかった動きにならないよう特に気をつけてください。話しているときに、ほんのちょっと加える程度で十分に効果があります。

たとえば、相手に何かを聞かれたら、面と向かってまっすぐ相手を見るのではなく

「え、何？」とちょっと首を傾けるだけで、表情がやわらかくなり、好印象が与えられます。

どのタイミングでつけたらいいか迷うときは、会話の中の「形容詞」にジェスチャーをつけるといいでしょう。「大きい」「小さい」「遠い」「近い」「きれい」などを言うタイミングです。話の内容がわかりやすくなりますし、ジェスチャーにつられて話す表情も豊かになります。

ドラマや映画を観るときには、ぜひ俳優たちのジェスチャーに注目してみてください。ジェスチャーで気持ちを上手に表現する良いお手本になるでしょう。

55 相手の表情を読み取る

自分の表情に意識が向かうようになると、相手の表情から気持ちが読み取れるようになります。相手が言葉にしない気持ちも表情から読み取ることで、ビジネスシーンでもコミュニケーションを円滑に進めることができます。

ここまで、ネガティブな気持ちになっているときの表情は、どんなものかお伝えしてきました。たとえば、次のようなものです。

- **眉間にシワが寄っている。**
- **口元がへの字になっている。**
- **おでこにシワが寄っている。**
- **瞳の奥に生気がない。**

相手がこんな表情を浮かべていたら、不安や不満、疑いを抱えているサインです。そのサインを無視せずに、表情から気持ちを読み取りながら、話す内容を微調整しましょう。

また、相手の表情とシンクロするという「ミラーリング効果」を思い出すことも大切です。相手に引っ張られて、自分もネガティブな表情を浮かべていないかチェックしてください。お互いにネガティブな表情を浮かべていたら、ビジネスもうまく進まないでしょう。

こんなときは、重たくなった雰囲気から一度気持ちを離して、パッと明るい表情を見せます。そうすることで、その場の空気を一変させましょう。それにつられて相手の表情も和らぐということがよくあります。ぜひ試してみてください。

ビジネスの場だからといって、必要以上に「できる自分」になろうと背伸びすると、相手にも緊張感が伝わってしまいます。「自分は自分」と肩の力を抜いて、自分らしい表情をいつも見せられるように心がけましょう。

56 なりたい自分を本当の自分にしよう

「自分」という人間を一旦別の角度から観察してみると、ただの細胞の集合体でしかありません。だいたい定期的にすべての細胞が生まれ変わることを考えると、「自分」という存在も、癖や習慣にとらわれたただの幻想なのです。

「人は何にでもなれる」のですから、あとは、「自信」と「勇気」、そして「覚悟」を持って行動するだけです。

「自信」、「勇気」、「覚悟」の3つが足りないとすぐに不幸ジワが表情に出ます。なりたい自分を作る「素材」に必要なものは、そういった精神的なところなんです。

自分の人生に責任を持てるのは自分だけです。誰かのせいにして恨んでいる人は、人に自分の人生を委ねてしまっていて、変わることを拒んでいるのです。

そういう人ほど、外見だけ自分を変えたいという傾向が強いかもしれません。

誰でもできる「なりたい自分に近づく」ための最も簡単なトレーニングは、「もし、自分が○○（理想像）だったら、どういう言動をするだろうか？」という意識を、いつも持つこと。

これをもとに行動していけば、おのずと「なりたい自分」が「本当の自分」に溶け込んでいきます。

そして人生は点の集合体で線になっているので、毎日の行動の積み重ねでしか、なりたい自分をものにすることはできません。

表情に関しても同じこと。

表情はあなたの日々の積み重ねからできている「表現」です。

だから美しい表情でいられるように自分を大切に、丁寧に生きることは、必ず素晴らしい人生につながるのです。

おわりに

最後までお読みいただきありがとうございます。
この本を読んだあなたは今、どんな「表情」をしているでしょうか。
これまで知らなかったような、新しい表情に出会えたなら嬉しいです。

人間の脳は、僕たちが思っているほど賢くないと言われていて、ひとたび笑うと——気持ちが伴わない笑いでも——脳は勘違いして、幸せ物質を出すのだそうです。

自分の脳に振り回されないで、自分で自分をコントロールする強さを養っていく。
その練習になるのが、本書で皆さんにお伝えした表情力アップによる自己表現・自己実現になります。

その練習の成果は、写真撮影や舞台、そして仕事や恋愛などの人生における「いざ」というときに反映されていきます。

表情の手綱を自分で握ることは、自分の感情に振り回されないことにつながります。
また、違う角度から考えれば、自分を客観的に見て、「いつもならこう考えてしまう」という考えの癖に新しい選択肢を与えることにもなります。それによって、自分で人生を切り開いていく最初の一歩になるのです。

重い腰を上げて、「よし、やろう！」というときは皆、知らず知らずのうちに良い顔をしているものです。

人間なので、うまくいかないときもあるでしょう。つらいときもあるでしょう。
そんなときこそ、「私の人生は今から始まる！」と鏡の前に立って、前向きに、燃えたぎる、笑顔いっぱいの自分に挨拶してから、出かけましょう！

表情が変わることで、「良い気」が周りの人を巻き込んで人の笑顔を誘い、幸せが舞い込んでくるものです。

本当にそう思います。

つらい時につらい顔をしていたって、何もいいことは起こりません。

上手にやることにこだわるよりも、肩の力を抜いて、軽い気持ちで、日々1ミリでも挑戦をしている自分を目指してください。

昨日よりも、強く美しい一歩になることでしょう。

あなたの美しい表情が世界を好転させる小さな力となることでしょう。

このおまじないが完成するのは、我々がこの世を去るときです。

お互いにより良き一日を目指しましょう。
あなたのこれからの人生に、笑顔が一回でも多く溢れますように。

Jo Moriyama.

Special Thanks

荒井舞　佐々木美穂　嶋田早苗

黒田美耶（Elite model Japan）　マツダミヒロ

森岡久弥　森岡舞　梅園もじり　今野都史佳　桑原肇子

亀井弘喜　亀井愛　中西千帆子　中村由佳

川上咲良（H & M）　ANJU　高城佳月子　北川菜摘

通山奈津子　秋山幸子（敬称略）

購入者限定特典

「行動パターンによる気質のタイプ別チェックシート」（P36）は、下記よりダウンロードできます。

URL
https://d21.co.jp/special/smile/
ユーザー名
discover3024
ログインパスワード
smile

※第三者への転売・譲渡を禁止します
※この特典は予告なく終了することがあります

美しい表情は人生を変える

2024年3月29日　第1刷
2024年4月 8日　第2刷

Author　Jo Moriyama（ジョー・モリヤマ）
Book Designer　荻原佐織
Photographer　Jo Moriyama（ジョー・モリヤマ）
Hair&Make-up　SAKURA（まきうらオフィス）
Stylist　高倉絵緒里
Cover Model　SAWA（image）

Publication　株式会社ディスカヴァー・トゥエンティワン
〒102-0093　東京都千代田区平河町2-16-1 平河町森タワー11F
TEL　03-3237-8321（代表）03-3237-8345（営業）
FAX　03-3237-8323
https://d21.co.jp/

Publisher　谷口奈緒美

Editor　大山聡子　榎本明日香（コーディネーター：相本さち子　構成協力：熊本りか）

Distribution Company
飯田智樹　古矢薫　山中麻吏　佐藤昌幸　青木翔平　磯部隆　小田木もも　廣内悠理　松ノ下直輝
山田諭志　鈴木雄大　藤井多穂子　伊藤香　鈴木洋子

Online Store & Rights Company
川島理　庄司知世　杉田彰子　阿知波淳平　王廰　大﨑双葉　近江花渚　仙田彩歌　滝口景太郎
田山礼真　宮田有利子　三輪真也　古川菜津子　中島美保　厚見アレックス太郎　石橋佐知子
金野美穂　陳鋭　西村亜希子

Product Management Company
大山聡子　大竹朝子　藤田浩芳　三谷祐一　小関勝則　千葉正幸　伊東佑真　榎本明日香　大田原恵美
小石亜季　志摩麻衣　野﨑竜海　野中保奈美　野村美空　橋本莉奈　原典宏　星野悠果　牧野類
村尾純司　安永姫菜　斎藤悠人　中澤泰宏　浅野目七重　神日登美　波塚みなみ　林佳菜

Digital Solution & Production Company
大星多聞　中島俊平　馮東平　森谷真一　青木涼馬　宇賀神実　小野航平　佐藤淳基　舘瑞恵
津野主揮　中西花　西川なつか　林秀樹　林秀規　元木優子　福田章平　小山怜那　千葉潤子
藤井かおり　町田加奈子

Headquarters
蛯原昇　田中亜紀　井筒浩　井上竜之介　奥田千晶　久保裕子　副島杏南　福永友紀　八木眸　池田望
齋藤朋子　高原未来子　俵敬子　宮下祥子　伊藤由美　丸山香織

Proofreader　文字工房燦光
DTP　アーティザンカンパニー株式会社
Printing　シナノ印刷株式会社

ISBN978-4-7993-3024-1
UTSUKUSHII HYOJYO WA JINSEI O KAERU by Jo Moriyama